L'euphorie perpétuelle :
幸福书
追求生命中的永恒喜悦
essai sur le devoir de bonheur

[法] 帕斯卡尔·布吕克内 (Pascal Bruckner) 著
陈太乙 译

华东师范大学出版社

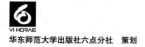
华东师范大学出版社六点分社　策划

目　录

前言：看不见的罪惩 / 3

第一部　我在之处，即是天堂

1　如梦幻似谎言的生命 / 3
2　黄金时代以后呢？ / 19
3　至福的戒律 / 29

第二部　温和的王国，还是平庸之发明

4　黯淡而苦乐交加的史诗 / 53
5　例行公事的极端派 / 66
6　真实生命并未缺席 / 85

第三部　中产阶级或舒适安逸的卑劣

7　富裕庸俗的中产阶级 / 107

8 你的幸福是我的鄙俗 / 122
9 如果金钱买不到幸福,那就交出来吧! / 134

第四部　厄运是违法行为?

10 痛苦之罪 / 151
11 没道理的哲理 / 170

结语:薇都兰夫人的羊角面包 / 188

在某些人身上,幸福是一种折磨,仿佛那是厄运一般,而事实上,那的确是厄运。

——莫里亚克(François Mauriac)

前言：看不见的罪惩

1738年，年轻的米哈波写了一封信给他的朋友佛弗纳格。在信中，米哈波指责佛弗纳格任由自己浑噩度日，丝毫没为幸福做出规划："什么？我亲爱的朋友，您不断地思考、做研究，没有任何事物能超出您的思绪范围，却从不曾考虑要为自己订一套计划，朝向那应是我们每个人唯一的目标——幸福——发展。"米哈波并向他那位怀疑论者的笔友阐述自己的行事原则：舍弃成见，选择愉悦，不闹情绪，随心所欲，并且不忘陶冶心性①。我们大可以对年轻人这种青春的热诚嗤之以鼻。在一个企图重新创造人类、驱除旧王朝之乌烟瘴气的时代成长，米哈波很关心自己的幸福，就如同他的前人担忧能否拯救自己的灵魂一般。

我们真的变了很多吗？设想今日世界中的米哈波：来自各阶层的年轻男女，抱持着不同的想法，汲汲营营地想开创

---

① 转述自莫兹（Robert Mauzy），《十八世纪法国文学与思潮中的幸福概念》（*L'Idée de bonheur dans la littérature et la pensée française au XVIIIe siècle*），Albin Michel 出版，1979，第 261—262 页。

一个全新的时代,急着与那可怕的二十世纪所留下的残砖破瓦划清界线。他们可能会直接投入生活,并且迫不及待地施展他们的权利,先从打造他们一直想要的生活开始,并且十分笃定自己有成功圆满的机会。从他们小时候开始,就应该有人告诉他们:"你要快乐!"因为在今日,生孩子不再是为了传承价值观或某种精神,而是为了在地球上繁衍更多喜悦焕发的人。

"你要快乐!"这话听起来友善;然而,还有比它更吊诡、更可怕的指令吗?这是一道命令,但由于没有特定目标,想违抗更是难上加难。如何知道一个人到底快不快乐?标准由谁来订?为什么要快乐?为什么这个建议用的是命令式?而对那些可怜兮兮地承认"我做不到"的人,又该怎么回应?

总之,这项特权对我们的年轻人而言,将很快地变成一项重担,因为他们发现自己是唯一能对自身的梦想或成功负责的人;他们应该会同意,那人人希冀的幸福,在追求的同时也一点一滴地溜走。跟每个人一样,他们向往达成那则美妙的总结,亦即合并了事业上、感情上、道德上及家庭上的每项成就,以及那远超出所有成就的最佳报酬:十分的满足感。仿佛随着现代化而来的自我解放,非得套上幸福的光环不可;而幸福是加冕各种过程的王冠。然而,就在他们打造这项王冠的同时,其中的每项成就也逐渐松散崩溃。接着,对他们来说,"必将获得欢喜"这项承诺不再是个好消息,反而是亏欠给一位面貌模糊神明的债务,而且是永远偿还不清的债。以前所宣布的千百种美妙事迹不仅一点一滴地姗姗来迟,而且杂乱无序,使得寻觅的过程更加崎岖,阻碍更加沉重。年轻人将会懊悔自己没能契合既定的标准,抵触常规。米哈波还能继续幻想,做着不可能实现的春秋大梦。启蒙时代一位贵族的狂热理想,在大约三个世纪之后,将会转变为一种惩罚。从那时候起,我们有权做任何事,就是不能不自在快活。

再也没有比幸福更模糊的概念了。这个古老的字眼遭蹂躏、作贱、糟蹋,被毒害到人们想把它从语言中剔除的地步。从上古时代以来,幸福这个字眼的意义便不断更换,且相互矛盾。在圣奥古斯丁那个时代,针对这个主题,已经列出两百八十九条以上不同的意见。十八世纪时,约有五十篇左右专门探讨幸福的长篇论著,而我们仍不停地将一种仅属于我们自己的观念和执着投射于古老的年代或其他的文化上。幸福这个概念原本就是一道谜题,是永久的纷争之源,是一摊水,能被塑造成各种形态,却没有任何形态能使之枯竭。幸福可以是行为也可以是冥想,是灵性也是理性,是愿景也是结局,是德行也是罪恶。幸福的理论,如狄德罗所说,所描述的永远只是理论学者自己的故事。在本书中,我们感兴趣的是:自从法国大革命和美国革命以来,西方世界对于幸福的热情,亦即想要得到幸福的意愿。

得到快乐的计划里有三个吊诡之处。第一,计划本身的目标如此模糊,使人望而却步。第二,一旦计划开始实现,所获得的结果不是烦恼就是麻木不仁(从这个角度来看,理想完美的幸福,应是一种永远能被满足的幸福,一再重生,避免落入失望及厌烦的双重陷阱中)。最后,在痛苦产生却无能为力时,这个计划立即规避,不敢正视现实。

在第一个吊诡中,幸福本身的抽象性解释了它为何如此诱人,又为何给人类带来焦虑。我们不仅对预先打造好的天堂抱持怀疑,也从来不曾确定过自己真的快乐。追求快乐,就表示自己并不快乐。由此得知,对快乐这种状态的迷恋,同时也和以下两种态度息息相关：一味盲从和欲求不满；两种伴随民主文化而来的病态是：向多数人的喜好看齐，对运气似乎特别好的人充满兴趣。

在第二项吊诡中，在欧洲，担忧幸福是当代之事。幸福以世俗之姿，从平凡中诞生，而现世的新体制于现代化时代的初期登场，在上帝退隐之后，非宗教的俗世生活大兴其道，人生仅余单调无趣。中产阶级的平凡或也可说是他们的胜利：庸俗、呆板、粗鄙不堪。

最后，像这样的目标，旨在扫除苦痛，但却又不由自主地将苦痛置于核心地位；如此一来，现代人还承受着不愿受苦的痛苦，这就和因为想尽办法拥有健康、却反而生病的人，道理如出一辙。我们这个时代还诉说着一则奇怪的寓言：在一个完全奉献给享乐主义的社会，任何事物都会变成刺激和残酷的折磨。不幸不只是不幸，比这还惨得多，它是幸福的失败。

因此，我认为，所谓"幸福的义务"就是这种纯粹属于二十世纪后半叶的意识形态，它迫使所有的演变在欢愉和不快中进行；就是这道要求愉快的指令，将那些不顺从的人们摒弃于屈辱不安之中。这是一项双重设定：一方面要发挥生命中最美好的部分；另一方面，若做不到这一点，就会悲伤欲绝，惩罚自己。所谓"每一个人都可以主宰自己的命运并改善其生命"这个最美妙的想法，已遭到腐化。启蒙时代所说的这个解放性的字眼"幸福的权利"，怎么会转变成一门教义，一种集体式的信条？这便是我们试图在本书中重新勾勒的奇妙历程。

虽然至善有多种定义，但人们还是将重心放在某些集体意识上：健康、财富、身体、舒适、悠哉惬意的生活，这些就像各式各样的护身符吉祥物,被认定必能招致福善,就如同诱饵必能引来飞鸟一般。手段方法取代了最终目的,而且,一旦寻觅中的喜悦未如期出现,显然就是因为缺少方法的缘故。于是,一个很残酷的错误是:那些本来应该帮助我们接近幸福的方法,却经常使我们离它愈来愈远。许多关乎幸福快乐的疏漏便是源自于此:人们以为应该像讨债似地将幸福争取到手,将它当成一门课程来学习,像盖房子般逐步建造;以为幸福可以买得到,可以讨价还价;以为别人拥有源源不断的幸福之泉,只要仿效他们,便也可以沉浸在同样美妙的气氛之中。

从亚里士多德以来(不过,在亚氏的学说中,幸福的主题另有意义),有一种说法便被不厌其烦地反复论述。然而,和这种陈腔滥调恰恰相反的是,并非所有的人都在追寻幸福这历史渊源深远的西方价值观,还有其他观念,诸如自由、正义、爱情、友情,都可以排在幸福之前。那么,如何才能得知,从开天辟地以来,全体人类除了一股脑儿地陷入空谈以外,到底还在追寻些什么?这并非是反对幸福,而是反对将这种脆弱的感受不折不扣地转变成麻醉群体的迷药;借由化学、心灵学、心理学、资讯、宗教等方式,每个人都嗑药上瘾。最先进的科学与智慧,也必须承认无法保障全民或个人的幸福喜乐。这种快乐的感觉,只要微微掠过,我们便觉得受到恩宠,而不会联想到什么特殊的演算或安排。或许正因为对世间各种好处了若指掌,如运气、欢愉、财富之类,人们便背弃了希望达到至福最高境地的梦想。

从那时候起,他们可能会想如此回应年轻的米哈波:"我就是因为太热爱生活了,所以不想只有快乐!"

第一部
我在之处,即是天堂

1 如梦幻似谎言的生命

> 这个世界只不过是座桥梁。穿越它,切莫在桥上筑楼长居。
>
> ——《韩·伪经》,三十五

> 悲伤的人有福了,因为他们将获得安慰。
>
> ——《真福书》

基督徒是另一个世界的人

十五世纪时,法国和意大利举行一种集体火葬仪式。男男女女来到仪式中,心甘情愿地将纸牌、书本、珠宝、假发、香水等等,投到"欢愉的柴火"中,以表示对虚荣的弃厌。这是因为在这饱受对生存渴望所煎熬的中古世纪末期,怀疑是不被允许的:唯有上帝是圆满无缺,上帝以外全是欺骗虚伪。因此,必须时时刻刻对终会老死的世人耳提面命:与在吾主身畔等待着他们的喜乐相较,人间的欢愉根本微不足道。

与圣朱斯特著名的警世格言相反,在欧洲,幸福从来不是一种新颖的概念。打从一开始,幸福便忠实地继承了其希腊遗产，基督教也从中撷取灵感。只不过基督教将幸福隔绝于人类所及范围之外，置于伊甸园或天堂中（十八世纪时，人们对于将幸福遣降回俗世感到满足）。我们都记得在堕落之前曾经快乐过，圣奥古斯丁如是说。幸福仅存于追忆中，因为在记忆最深处，我们将与上帝那鲜活的泉源重逢。帕斯卡尔在论述吾辈为达到无上境界所白费的努力时说："若非人类曾经拥有真正的幸福，而现在却仅存虚幻的标记痕迹，这种贪婪与无力感又怎会向我们嘶吼呐喊？"

然后，这个世俗性的基督教三位一体论，将被所有信仰虔诚或非神论的作者重述：幸福存在于远古或明天，存在于怀旧中或期待中，却绝对不会在今日当下。若说尝试接近幸福境地是正常合理的，要在今世达成此境却是痴心妄想。人类是堕落的生物，应该先弥补被打入世间这项过错，为救赎而努力。而救赎必须一气呵成这件事更使人焦虑不安。诚如杜梅齐尔（Georges Dumézil）所言：基督徒是没有第二次机会的，与印度教或佛教的转世轮回直到涅槃完全不同。能否获得永生，仅能在"我"活在这世上的短暂时光中孤注一掷。基于这种观点，"我"所代表的短暂偶然看来成为一项不折不扣的挑战。这是典型的基督教义。基督教将人的存在置于地狱与天堂之间，并赋予过度夸张的戏剧色彩。信徒的生命是在神圣审判者面前的一桩完整案件。"坏人所犯的所有恶行都被记录下来了，而他们并不自知。"圣经中的《诗篇》如是记载。我们的越轨行为和功绩都不停地刻录在那本大帐册上，余额是正是负一清二楚。即便是"藏身在黑夜各角落中"的罪犯、红杏出墙的女人或贪官污吏，"都会被发现并审判"（博絮埃［Bossuet］）。可怕的差异是，人所犯下的一个小错误，可能导致永生永世的惩罚；但相反地，我们所承受的所有苦痛，可能会在天上寻得慰藉，前提是我们这段生命能够顺应上帝的心意。及格还是不及格，天堂的结构和学校体制一模一样。

这是因为救赎的逻辑虽然给了信徒一定程度的自由，让他们或能力求完美，或能屈服于俗世情欲；然而，却远不能替他们提供一条笔直正道。救赎的涵义寓于光明与黑暗之间的分别，而信仰最坚贞的人修行的方式如同在迷宫中长途跋涉，因为他已经十分接近，却又还在无止境的远方。上帝是一条必须走尽的道路，途中布满障碍和陷阱。"只有在领悟到上帝是不可知时，才算是真正知道上帝。"圣托马斯说。因此，根据另一个世界的规定，我们必须居住在这个尘世，这块有着千百种妖法迷惑我们的土地，这里既是赎罪者的敌人，也是盟友。这就是为什么这段人世虽无法僭越仅属于上帝的庄严荣耀，却也拥有相当的神圣特质。这段生命是一段必经的历程，是永生的第一个阶段。对于基督徒而言，时间并非升上天国的保证，而是一种压力，充满忧虑、怀疑和心碎的痛苦。对于救赎的期望，其实便是来自心底的隐忧。"如果不认定上帝的原意是蒙蔽一半的人，并指引另一半的人，就无法了解它的行事作为……总有那么多晦暗阴霾来蒙蔽被天主摒弃的人，而也总有足够清楚的线索来定他们的罪，并让他们变得罪不可恕。"（帕斯卡尔）当路德提倡以行善代替赎罪，以信仰救赎原罪时——无论我们做什么，无论我们希望如何，只有上帝有权裁定我们将被拯救或被诅咒——上帝的选民对它始终持有一种不信任。这些子民从不确定自己是否被上帝选中，即使他们以虔敬的行为来昭示狂热的信仰。一个带有原罪的人不论做什么都无法偿清欠上帝的债，仅能冀望获得它无边慈悲的垂怜。换句话说，救赎是一道窄门，然而通往堕落的道路却"又宽又广"(《马太福音》第七章第十三节)。

在这么可怕严苛的要求下,生命中微小的幸福能有什么分量呢?赢得永恒?还是在原罪之中黯淡?什么也不是!它们不仅稍纵即逝,予人错觉——"这个世界,其实悲惨,在期望中却总显得美妙无比。"(博絮埃)这些稀微的幸福还会使我们误入歧途,害我们成为这块土地上的可悲奴隶。"所有的富裕丰足,若不是属于我的上帝,对我而言,就是饥荒贫困。"圣奥古斯丁贴切地写道。欢愉被下了双重诅咒,与在天堂迎接我们的至福相较,它们简直可笑;然而,它们又给人一种永恒坚定的形象,这种形象却仅属于神的国度。欢愉代表着邪恶无穷的贪欲淫念,完全和天堂至福的意象相反。在这种状况下,人类错在硬将不存在的事物当成是存在的,因为世间的喜悦被死亡的恐怖粉碎。而死亡,博絮埃又说:"它的阴影将遮蔽一切。"[①]是死亡使健康遥遥无期,将荣耀变成空幻,把肉体的快感变成下流羞耻之事,生命也成为掺入谎言的幻梦。死亡并非来自远方,而是源自内心的最私密处,它弥漫在我们呼吸的空气中,在我们消化的食物中,在我们想用来保命抗拒它的药方中。帕斯卡尔说:"就在这几年内,时时威胁我们的死亡,必将使我们走上彻底毁灭或陷入不幸的不归路。"在坟墓的幽光中,取消世上万物存活的资格,这在在强调着,打从出生那天起,我们就进入沉沉的迟钝,直到临终弥留时刻,我们才从中挣脱而出。生命是一段睡眠,我们必须醒来:这则源自上古时代的隐喻,无时无刻不存在于基

---

① 博絮埃,《讲训与悼词》(*Sermons et oraisons funèbres*),Seuil 出版,第 140—141 页。

督教的思想中。在这则隐喻中，死亡是命运终将到期的大限。因为死亡可以说有三种：第一，肉体的消逝，对于活在原罪中的人而言，这是生命的死去；也就是说，和上帝分离。第二，精神上的丧悼（在某些布列塔尼的教堂中，地狱被表现成一个冰冷的地方，一处离别的所在）。最后，对于正直的人而言，死亡是一种过程，一种解脱。它不是无底深渊，而是带领我们通往天国的门，让灵魂从此"能永远称心如意，这是在今生此世中从未有过的"①。害怕自己消逝是荒谬的，因为死亡超越了我们的肉体以及肉体的迷失，从而开创出一个前所未有的未来，那就是最后的审判和在永恒中重生。

这便是基督教的考量：堕入地狱远比面对痛苦与亡故时所生出的恐惧更可怕。再者，对这低下世界中的穷困难民做出承诺，宣称到了天国后一切将被重新分配。只有靠这种方法，才能对邪恶当道、正义不彰这种丑事有一个交代。把各种不具形体的善或恶挪到一个定点上——或天堂，或地狱——以便将存于今日那些千真万确的证据蒙蔽在遮羞布下。摒弃俗世的虚幻名声，从此就有期待上天赐予无限恩典的权利。缜密的考量为屈从披上一件光彩的外衣：既然"没有人能同时侍奉上帝和贪婪的财神（Mammon，译注：在新旧约时代于犹太人间兴起的恶魔名号，又名 Amaimon。是古叙利亚语"财富"之意，诱使人类为了财富互相杀戮）两位主宰"，为了未来一种假设性的快感，我只好即刻放下具体的享乐。在此生占点小便宜，却很可能永远被监禁在撒旦处永不超生，何必呢？所有教会的信众都强调：最大的罪恶，并不在

---

① 笛卡儿，《与帕拉迪公主论塞内卡的〈幸福的生活〉之书信录》（*Correspondance avec la princesse Palatine sur 《La vie heureuse》 de Sénèque*），Arlea 出版，1989，第 188—189 页。

于被世间的果实引诱，而在于对它迷恋不能自拔，在于成为它的奴隶之后，将自己与上帝之间的基本关系忘得一干二净。若我辈不愿沉沦，那么，"为了永恒，必须搁置所有用事"（博絮埃），因为"在此生中，除了寄望来世之外，没有其他好事了"（帕斯卡尔）。无论如何，救赎的悲壮情怀应当超越对幸福的担忧。

幸好这种作法并不一直受到"若这样不好，就那样好了"这丝毫不肯妥协的说法影响。仪式的作用，特别是悔罪的作用，在于解除信徒身上可怕的紧绷压力，并让他能来回轮替错误、忏悔及赦免，而这种来回交替的模式曾引起加尔文和弗洛伊德[1]极度不满。教会十分天才，他们感受到来自民间的压力，并因应千禧年之说，在十二世纪发明了炼狱的概念。那是一个介于地狱与天堂间的第三所在，一生平庸、不特别善良也不特别邪恶的人，可以在那里将欠给天主的债还清。这个身后的补习班也为生者提供了一个与死者互动的空间，借着祈祷的方式与死者对话。教会致力威胁信众，要他们受渴望解脱或下放地狱的折磨（别忘了地狱炽热恐怖的形象是文艺复兴时期创造出来的，中古世纪时的地狱并非如此）[2]。然而，炼狱不仅减低了这种威胁，也创立了整个"减刑"[3]的系统，在信仰中过度加入交易的观念，因而引发新教徒的愤慨。

---

[1] 在《卡拉马佐夫兄弟们》的序文中，提到陀斯妥耶夫斯基书中那位滥用悔过的道德家时，弗洛伊德写道："他让我们想起那些入侵的蛮族，滥杀之后便受罚赎罪，于是赎罪苦罚便成为一种允许屠杀的技巧。"（Gallimard 出版，第 9 页）

[2] 正如德吕茂（Jean Delumeau）所提醒的，参阅《西方的恐惧》(*La Peur en Occident*)，Fayard 出版，1978，第八章中关于撒旦精神的段落。

[3] 勒高夫（Jacques Le Goff），《炼狱的诞生》(*La Naissance du Purgatoire*)，Gallimard 出版，1981。

他们无法忍受罗马教廷终日经营宽容赦免的勾当,也就是说,人类利用永恒的户头滥开支票,从某种角度而言,人类是在胁迫上帝①。多亏炼狱的出现,使人间生活变得轻松多了,也变得比较可爱。时光不能倒流的想法渐渐远离,一时犯下的错误将不再导致永远的衰败。借着变更"天国的地形图",炼狱永远敞开通往未来的大门,避开沮丧,"冷却"人类历史。多亏这支心理镇静剂,带原罪的人不再觉得一旦稍稍僭越某项禁忌,立刻就被地狱烈火追着烫烧。赎罪仍是可能的,而在教义中,救赎过程中不人道的部分却消除了。虽然宗教改革本身在教义上不肯妥协,却仍将扮演一个矛盾的角色,为努力想在凡尘中诠释另一世界价值观的凡夫俗子,重新讨回尊严。路德要求信徒远避怠惰散漫,要心存"一个正直善良的人必能做出好事"②的想法,做出取悦上帝的举动,并借此确保救赎的机会。

依照同样的模式,在十七、十八世纪时,发展出一种妥

---

① 从十二世纪以来,标了价格的赎罪系统在法国日渐增多,并演变成捐款、祈祷或弥撒的方式。弥撒以单位出售,人们买下多少单位,就有多少通往天国的旅费。"诚心可抵罪"的思想日渐发展,带动各种极端疯狂、唯利是图的交易行为:或去朝圣,或捐钱给医院,或朗诵圣经《诗篇》,人们冀望这么做能多赚到一点苦刑来赎罪,或可在炼狱多待几年。"比如说,借着选用一次告解、一些奉献和几次祷告,这座圣堂保证可获得七年和七次斋期;另外那座保证多得四十次四十年。一位在圣地当朝圣向导的人告诉我们,定期到所有圣地朝拜一次,可望获得四十三次七年和七斋期。"(摘自席佛洛[Jacques Chiffoleau]的《宗教法国史》[*Histoire de la France religieuse*]中的〈信仰的危机〉[Crise de la croyance], Seuil 出版,1988,第二册,第 138 及 142 页)。别忘了,在有损清教徒利益的情况下,天主教会仍继续施行赦罪,只不过现在是免费的。公元两千年教皇颁布的谕旨中同意,能做到在一年中不饮酒也不吸烟的赎罪徒将可获得大赦,这项恩典还可以转移到炼狱中的死者身上……

② 摘自《改革者名言录》(*Les Grands Ecrits réformateurs*), Garnier-Flammarion 出版,休尼(Pierre Chaunu)之序文,第 222 页。

协的基督教精神。这种精神不愿选择人间对抗上天的模式,而希望将两者结合。天上与人间一点儿也不冲突,两者相互接替。法国唯心主义哲学家马勒伯朗士(Nicolas Malebranche)摒弃帕斯卡尔式将人生孤注一掷的说法,转而将幸福表现成一种不断升华的动作,从俗世的愉悦向上提升至天堂中的享乐,在这段旅程中,灵魂不受任何阻碍,一路直达最终的光明启示。在其他学者停顿转折之处,马勒伯朗士延续下去,并用一种非常现代化的方法诠释信仰。依照他的说法,人类受到想通往永恒和追寻短暂世间幸福这两股力量的影响。这么一来,"自然"和"恩典"之间为了人类的命运合作得天衣无缝:一个基督徒可以是一位有教养的上流人士,可以将"礼教与慈悲相互结合"[①],能全心投入每天的工作,却丝毫不忘弥补罪过的计划。永生不朽逐渐民主化了,变成大多数人都可能做到的事。于是,基督教精神相对地降低了格调,以俗世的考量出发:这门学说认为,今生是一处让人堕落的场所,同时也是拯救人类的所在;这里既有人类解脱的障碍,也藏着有利条件,而解脱也因此被提升到至善的境地。基督教义解放了我们的躯体,但也借着道成肉身来重建肉体。总之,这门学说,就在将人类归属于神的子孙的同时,也巩固了人类的自主性。不管在哪种情况下,对那些被悬荡在"享乐危机"与拒绝"生命美妙又危险的甘美"(圣奥古斯丁)之间的信徒,基督教义要求他们对自己的情感负责,但不可对这份情感过分狂热,也不许将任何世间俗务夸耀成绝对永久。

---

① 引述自莫兹,前述作品第 17、18 及 181 页。

关于"还好吗?"这个说法

"您好吗?"从历史上来看,人们并非一直用这种方式打招呼。以往,他们恳求神保佑自己,而且,在一个乡下人面前与在一位骑士面前,弯腰鞠躬的方法也不一样。"还好吗?"这个说法之所以能出现,非得要走出封建关系、进入民主时期才行。进入民主时期后,人们被区分成个体,由自己的情绪起伏控制,人与人之间才有了最起码的平等。有一个传说认定(至少对法国人来说是如此),这个说法源自于医学方面:"您大小便还好吗?"在某个时代,人们认为肠胃消化正常就代表身体健康,这种说法便是那时代残留的遗迹。

这个简扼的标准问候语回应了经济原则,而在希望融合各种不同层面族群的大众社会中,也构成了最基本的社会关系。不过,有时候这个说法不仅仅是每天重复的招呼语,更是一个召令。它使遇上的人无法自处,受到惊吓,想要用一句话就将他检视透彻,无所遁形。你现在处于什么阶段?你变成什么样子?这其实是一道勒令,命令每个人将自己赤裸裸地摊在生命的真实面下。因为,最好是过得还好,即使自己也不清楚在这个动作被当成准则的世界中到底过得怎么样。于是,不求回答的机械性问候"还好吗?"要比那充满期待、想把您剥得精光、使您陷于精神失衡状态中的"还好吗?"来得有人性多了。因为在那之后,生活不再是件自然随性的事,非得不断地询问自己心底深处的私密压力计才行。我到底是不是真的过得那么好?我有没有把事实想得太美好?许多人就从这里开始逃避问题,想跳过这个地方,心想对方应该够细心,猜得出在"还过得去"这回答中隐藏有一点儿沮丧无力。就这点而言,"不就是过日子嘛!"这种投降式的回答就非常可怕,好像只能随时光流逝,自己却一点也使不上力。那么,到底为什么非要过得好才行呢?我们每天都有责任证明自己是对的,却常常标榜不同于自己的逻辑。对这个问候语的回答是真是假连我们自己都弄不清,于是这个回答变得完全没有意义,甚至连一般寒暄都谈不上。

"你今天看起来真是精神饱满!"这个赞美听起来像蜜糖似地甜滋滋的,其实带有祝圣仪式的认同作用:在神采奕奕与别扭执拗的对立中,我属于好的那方。于是,就这么一个神奇的句子,我被捧上微妙不定的阶级制度最高峰。可是,隔一天,另一个宣判无情地发落:"你气色怎么这么差!"这个判定像是一把枪指着我,把我从伟大高贵的地位打落,而我本以为自己会永远安坐在那个王位上。我配不上美丽豪华的城堡,我是个只配贴着墙壁走、躲在角落里的贱民,应该遮掩这张乱糟糟的脸,别让任何人看到。

"还好吗?"注定是最微不足道却也深奥的问题。想精确地反驳这句问话,必须很严谨很认真地清点自己的心理状态,锱铢分毫都要计算进去。管他的!为了顾全礼貌客套,就只要回答"好"然后转个话题;要不然,就得花上一生的时间反复思考,然后把答案保留到以后。

备受喜爱的痛苦

对基督教而言,不幸是什么?是堕落人间的代价,还是我们必须以带原罪的方式偿还的债务。针对这一点,各派教会已经打点妥当:它们不仅严厉谴责俗世,还把存在说成是一项对过错的弥补,打从我们出生那天开始,就遭到这过错的污染,而这项过错更使亚当和夏娃无数的子孙后代蒙羞。所有人都有罪,甚至包括母亲腹中的胎儿在内,这就是为什么必须赶快让新生儿受洗的缘故。但是,若对与我们的不完美息息相关的这项苦难感到灰心失望的话,就太没有责任感了。上帝因为有爱才献出它唯一的儿子,希望它把人类从邪恶中拯救出来。这个宗教的标记是被钉在十字架上的耶稣,象征着基督教将上帝的死亡刻记在典仪规范的中心。垂死的耶稣变成"死亡的主人"(瓦莱里[Paul Valéry]),并将死亡转换成喜悦。丧葬,复活;十字架上的上帝之子证实了人间生活的悲剧性,进而超越了人的境界,朝希望和爱这种超乎俗世的境地发展。因此,耶稣的复活让每位不幸的人都能以自己的标准重生,加入行列,创造一个比自己的生活更广大的事件。即使遭人唾弃,他也必须背负起自己的十字架,把耶稣视为导师,当成一位帮助他的朋友。在这种情形下,他的痛苦不仅会变成一个终有一天会死去的普通敌人,甚至将成为盟友,具有净化"汰换心灵动力"(约翰·保罗二世)的力量。就像德国哲学家舍勒(Max Scheler)所说的,这位盟友拥有那种独一无二的能力,能明辨真伪,分别低俗与高尚,将人类从迷乱困惑中,从肉体粗糙不堪的外表中拯救出来,进而将人类的目光引导至基本的财富上①。

所以,只承受痛苦是不够的,应该要喜爱痛苦,让痛苦成为彻底改头换面的动力。痛苦是赢得胜利的关键棋,就如同路德所说,承受原罪时才能获得上帝的宽恕。"所有的人都将步上教会的大道,特别是当痛苦走进其生命之时。"②因此,

---

① 舍勒,《痛苦的意义》(*Le Sens de la souffrance*),Aubier 出版,1921。
② 约翰·保罗二世,《痛苦的基督教意义》(*Le Sens chrétien de la souffrance*),第4页。

基督教义摒弃贵族式的英雄主义，也否定斯多噶派那要求人们不哼一声地忍受悲伤病痛，甚至劝诱顺从的人在承受酷刑时面带微笑的禁欲主义。帕斯卡尔抨击希腊哲学家爱比克泰德(Epictète)面对不幸时所持的傲慢态度，他认为这种态度过于肯定人类的自由，却完全不自觉将招致怎么样的后果。想和先人一样逃避灾厄，运用各种计谋闪避不幸，或者像伊壁鸠鲁一派人那样公然冒渎凶祸，高喊："死亡跟我们无关。"这一切都已不可能。我们不得不承认自己必须忍受长期的苦难煎熬，不得不大声说出自己的无耻丑行，从这堕落的深渊爬出，直到攀升到上帝的所在为止。"痛苦拯救了存在，"薇依(Simone Weil)说，"痛苦始终不够强势也不够壮大。"由于痛苦为我们打开了知识与智慧的门，"它愈不公平愈没道理，就愈好"①。

依据这个道理，基督教中无论新教、东正教或天主教，全都无可避免地有喜爱痛苦的癖好。对不幸的担忧非常明显，自然而然对不幸之事极为贪爱。"基督徒透过受苦来行善，并对受苦的人行善。"②因此，掠夺他人的不幸成了迫切的需要，仿佛自己所受的苦还不够（于是，那位波兰教士试图将奥斯维辛集中营比喻成一处现代的各各他耶稣受难地；还有如某些记者所坚信的特雷莎修女，她的行为确实值得称颂，然而，她一生所致力奉献的，是将人们的灵魂招至加尔各答那些只能坐以待毙的贫民区中）。另外，别忘了有些人对酷刑及分尸特别喜好。对尸体的迷恋，腐烂的尸体，还有些基督教艺术品偏爱生蛆的死尸，在在强调身体有排泄的自然需求。最

---

① 薇依，《沉重与慈悲》(*La Pesanteur et la Grâce*)，Plon 出版，1988。
② 约翰·保罗二世，前述作品，第 91 页。

后，还有神秘教派对极刑折磨和淌血所要求的美感。像基督教这样强调人类肮脏污秽的一面，并透露这种"虔诚施虐主义"①的宗教少之又少。

虽然自从庇护十二世以来，天主教会对那些长期抵抗苦难坚毅不挠的人们已表现得比较善解人意，然而对教会而言，痛苦是常规与健康之外一种近乎反常的特例。约翰·保罗二世对这个想法的见证："当肉体被疾病严重侵害、失去一切能力时，当人类处在几乎不可能活下去也无计可施的情况下时，内在的成熟度和精神的伟大反而被突显出来，同时也会为健康的正常人提供感人的一课。"②我们应该要去爱人，但必须先作贱他、矮化他。痛苦使我们接近上帝，这等于是进步的大好机会，于是，其属性中最糟的部分被抵销了；痛苦来得毫无道理，没有根据。"约伯问：为什么要受苦？为什么该我受苦？我并没有答案。"约翰·保罗二世总是说："请与基督共同受苦，请接受它从十字架上对我发出的呼唤：跟随我。"③也就是说，我只有在悲苦之中才能寻得内在的宁静、心灵的喜悦。在我们眼中，基督教世界或许很残酷，但那是一个充满道理的世界（就像佛教认为痛苦是前世过错的果报——亦即俗话说，我们拉弓射出的箭，反射回我们身上。这是个恶霸的观念，但安慰人心的效果极为卓越）。宗教把痛苦变成一桩奥秘，我们只有在承受痛苦时才能解开其中之谜。此外，这是一道奇异的谜题，有了它，一切都清楚明

---

① 参见席佛洛，前述作品，第135页。
② 同上，第73页。
③ 同上，第76页。

白了①。神学家则将推展决疑论者细腻钻牛角尖的宝典学说，将"恶"的存在合理化，而不损及上帝的完美良善。

因此，我们可以了解在古典时代（乡下地方甚至一直到二十世纪中叶），炫耀临终的那一刻有多么重要。古时候，由于住处为公有，理所当然地，人不得不在众目睽睽下死去，不像现在可以在医院里过世。在这项最后的考验中，信徒找到机会与他的亲友结算生前的旧帐，静思自己一生的罪过，在出发前往无明世界之前，切断自己与尘世间的关系。"一个人向痛苦低头并不可耻，"帕斯卡尔说，"可耻的是屈服于欢愉之下。"临终时刻非常重要，这一刻让忠诚的信徒与俗世打完最后一场官司，让他在痛苦中脱离肉体，有点类似一艘小船，缆绳被一根根地割断。死前嘶哑的喘息，极度疼痛的折磨，这些必须要能与死者虔诚奉献、力行慈善的一生相印证。

因此，博絮埃批判那些半调子教徒，那些人的信仰只有当垂死时才苏醒过来，脸上挂着为时已晚的忏悔表情。不过，他对英格兰的安娜（Henriette Anne），也就是奥尔良公爵夫人却赞赏有加。这位公爵夫人年仅十四岁，在临终时传唤的不是医生而是教士。她亲吻雕有受难耶稣的十字架，要求举办圣典仪式，并高声喊道："喔！主啊！我不是一直信赖着你吗？""死亡的美妙之处在于，"讲道士引述圣安东尼的话，"对基督徒而言，死亡并没有结束生命，只是终结了牵连着他的罪恶与祸害。上帝利用我们的生命流逝来减少我们的欲望，也就是说，所有丧失真实生命、永恒生命的机会。相形之下，

---

① 关于这点，龚须（Marcel Conche）在《哲学导论》（*Orientation philosophique*）一书中有精妙的解释："透过一种奇怪的运作，幸亏答案不存在，我们反而有了一切的答案。"神秘的观念受到曲解，而成为一种纯粹的诡辩，去解释一些无法被解释的东西，比如说幼童所遭遇的苦难。

这个人世不过是我们大家共同被流放之地。"①因此,当约翰·保罗二世在提及安乐死和生命的最终时刻时,毫不出人意表地,笔下对于"自愿接受痛苦,放弃各种抗痛治疗,以求保有完全清醒的意识之人,和为求和主一同受难的教徒"赞赏有加,即使此间差距极大,这种英雄式的行为"不能被视为每个人都应达成的义务"②。我们知道,罗马教廷仅在垂死之人的自我意识不被消弭的前提下,才同意权宜治标的治疗方式。

请相信这种为苦痛辩解的方式并不怎么具有说服力,因为随着时代发展,这种论调渐渐沦为顺从派和蒙昧乡愿派(包括在这方面采取世俗派观点的教徒)的日课经。生物碱的发现,麻醉剂的运用,阿斯匹林和吗啡的净化效用,有了这些,神职人员的捏造之辞——疼痛是必须承受的神惩——早被一扫而空。事实上,基督教激起了内部的反弹,本身也因而变得脆弱。至福的观念一旦导入(虽然它被界定在天堂),立刻引发一股回头反对基督教的强大力量(在福音书篇中,至福的原意与诅咒息息相关,所保证的并非人心之安抚,而是公平正义。它召唤人类颠覆世界,给那些跌倒堕落的人一个机会:掌权者将被推倒在地,悲惨的人则被抬举至最高地位)③。

知道死后等着我们的是这样的情况后,人们迫不及待地

---

① 参见博絮埃,前述作品,第178—179页。
② 《人生福音》(*Evangelium Vitae*),Cerf-Flammarion 出版,1995,第103—104页。
③ "你们贫穷的人将有福了,因为神的国是你们的。但你们富足的人有祸了,因为你们受过你们的安慰……。你们喜笑的人有祸了,因为你们将要哀恸哭泣……"(《路加福音》,第六章,二十至二十六节,《马太福音》五至七节)

想在生前就先尝尝这种滋味。于是一种想过更美好生活的强烈希望诞生,其动力是源自于圣经的文字中。当救世主再度降临时,人们将急着结束时光,而长久累积的不幸也将摇身变成欣喜的世界末日。人们一年年地计算,一世纪一世纪地计数,盼我们与此生分离的日子来临,而这殷切的计算点燃人心。在这方面,异教徒或千禧年论者都只是心急的读者,仅就字面上解释圣经,而且对字面上的意义深信不疑。他们认为耶稣强硬没有弹性,便依此为据,对教会组织的僵化模式提出争议。幸福的主题来自基督教思想,却也是借着反抗基督教精神才能发扬光大。正如黑格尔首倡的论调所言,这个宗教蕴含所有超越其自身及其宗教的种子。对文艺复兴时期和启蒙时代的人们,甚或对所有的教徒而言,最主要的缺点在于将不幸包藏在打动人心的说服力之后。这"基督受难的说服力"许诺复活的可能,改变了虔诚教徒改善俗世生活的义务。正因如此,关于痛苦和牺牲的学说,就像尼采在述及先人时所提出的,不但不能提升人类,反而使人深陷于困境苦恼之中。从此以后,正如马克思那句名言:"废除给予人民幸福假象的宗教,是为了追求他们真正的幸福。"天主教或新教即使强硬严苛,也无力与人类本性和快乐喜悦逆道而行。自启蒙时代以降,欢喜与自在终于被平反,重振声威;而痛苦像个过时的老古板被逐出千里。我们几乎可相信,从此,历史将翻开崭新的一页。然而,困难才正要开始。

2　黄金时代以后呢？

一则美妙的承诺

现代的幸福概念,全部隐含在伏尔泰的诗作《凡夫俗子》(*Le Mondain*)的那句名言中:"我在之处,即是天堂",后人不断仿效重复这句至理名言,仿佛想借此确认其真实性[①]。这行绝妙诗句惊世骇俗,瓦解了相信死后世界和禁欲苦行的几个世纪,然而,我们至今尚未参透其令人困惑的简单性。后来,就和当时其他的人一样,伏尔泰也因里斯本大地震大受惊吓。于是他不再抱持热烈的乐观主义,拒绝对奢华逸乐耸动人心的赞扬,并对人类与大自然的诡谲残酷对比采取一种

---

① 比方说,海涅(Heinrich Heine):"使天国降于地上人间。"勒胡(Pierre Leroux)于1849年说:"天堂应当来到尘世。"布洛克(Ernst Bloch)于1921年说:"目前,天国时代不出现是不可能的。"布勒东(André Breton):"是你吗?娜嘉?真的吗?另外那个世界真的全部存于今生今世?"艾吕雅(Paul Eluard):"有另外一个世界,然而,它整个存在于这个世界中。"还有加缪说:"我的天国全部来自这个世界。"

较折衷的态度:"有一天,一切都将美好,这是我们大家的希望;然而,现在一切都美好,这却是假象。"[1]不过,对他而言,丑恶并不杜绝所有正面意义,也绝非错误的代价或堕落人世的结果,也就因为这种观点,伏尔泰是一位失去了法力、幻想破灭的前卫派。启蒙时代和法国大革命不仅宣告了原罪的抹灭,这两个阶段还留名青史,因为它们为全体人类带来幸福的希望。幸福不再是玄奥无形的幻梦,不再是只能靠赎罪等复杂的秘方来寻求的奢望。幸福就在这里,就是现在,现在不幸福就永远不会幸福。

这是彻底的颠覆,历史的走向从此转变。边沁是英国功利主义之父,主张追求"最大多数人的最大幸福";亚当·斯密认为,人们寻求美好生存条件的这种欲望是神的旨意;洛克建议逃避不安与不适。总之,在人世间建立惬意生活是合理的希望,这种信念四处兴起。这代表了对人类完美性的十足信心,相信人类有能力克服不断重现的不幸,相信人类能创新,亦即创造更美好世界的意愿。信心也表现在各种力量交织相乘的领域上:科学、教育和促使人类黄金时代来临的商业。后者的出现早在1814年乌托邦主义者圣西门(Saint-Simon)便已预言,而几世代之后果然应验(其灵感得自于法兰西斯·培根。培根早在十七世纪便已酝酿由学者统治的理想城邦《新亚特兰蒂斯》[*Nouvelles Atlantide*]的计划)。说到底其实是确信人类自己是受到处罚恶行的罪魁祸首,而只有人类才能修正自己犯下的恶事,不须借助操控校时的钟

---

[1] 关于伏尔泰对丑恶的看法,请参看巴兹寇(Bronislaw Bazcko)极为完整的著作:《约伯,我的朋友》(*Job mon ami*),Gallimard 出版,1997,以及卡西尔(Ernst Cassirer)的《启蒙运动的哲学》(*La Philosophie des Lumières*),Agora出版,第207—208页。

表师的力量,也不须仰赖到了冥界才发布裁决的教会。弥赛亚般的黎明初晓,能将泪水之渊转变成玫瑰山谷的时代又将展开,这一切都使人感觉飘然陶醉。历史不再蔓延着鼠疫恶臭,而将散发芬芳;世界又成为人人共同的国度,它的未来和个人死后的命运一样重要。因为从中古世纪开始,人与造物主之间的差距不断加深,所以人类就只能自食其力,安排自己的俗世生活。根据德内姆(Dupont de Nemour)谑仿莱比锡乐观主义的一句话:"存在必须完全是善美的示范。"

得到幸福的希望战胜了救赎和伟大这两种意念,也一口气推翻宗教和封建式的英雄主义:与其变得崇高或得到救赎,我们宁愿要快乐。自文艺复兴以来的转变在于,人世这一段生命,在物质与技术的进步之下,已不再被视为一次赎罪苦修或一个沉重的负担。人类有能力击退贫苦,掌握自己的命运,于是渐渐不再厌恶自己。自从中古世纪以来,欧洲四处兴盛着"生命的苦涩滋味"(赫伊津哈[Huizinga]),这促使人们带着慈善之心重新看待我们的居住环境。大家开始认同直觉的重要,想"获得愉快"(贝尼舒[Paul Benichou])。这个世界可以是一座肥沃的花园,而不是一块贫脊荒土。所有的欢乐都真实,且痛苦不再独霸人类全部的经验(如莫尔[Thomas More]和康帕内拉[Campanella]以来的乌托邦主义一直指证的)。跟肉体尤其应该妥协:肉体渺小短暂,只不过是一具包着灵魂的臭皮囊,最好提防点,不要依赖它,但这种看法已经过时。现在,躯体是朋友,是我们在世上唯一的小舟,是我们最忠实的伙伴,应该去拥抱它,照顾它,在宗教钳制它、藐视它、遗弃它时,我们应用尽所有医药卫生习惯来保养它。舒适的享受大获全胜:软垫、靠枕、抽屉柜,所有减缓强震的、保证使人感到惬意之物,全部蓬勃发展到最高点。

总之,西方社会大胆地违背自己的传统,给痛苦带来了这样的解答:不要死后世界的慰藉,而要今生此世更美好。美国独立宣言是一项空前大胆的举动,刻不容缓地把"生命、自由和对幸福的追求"纳入不可剥夺的人权之中,并以此为立国根本,往后人类只需要对自己交代就行了。康德说得好:"现在能否给未来一个许诺,完全操之在我们手中。"这是一个"吸引力"多过指示叮嘱的许诺,也就是说,一个依照人类的愿望、能改造我们星球的许诺[1]。进步的概念排挤了永恒的意象,未来成为希望的避风港,成为人类与自己妥协的地方。在未来,个体与群体的幸福可望结合凝聚,特别在盎格鲁-萨克逊的功利主义之下,幸福为整体人类存在,使他们避免因快乐而背上不道德的罪名。相信这点之后,与快乐有关的将是好行为,带来痛苦的则是坏行为。于是,人性长途跋涉,坚决地走向美好,精神的进步有时候"会中断,但绝不会就此断绝"(康德)。在人世这段时间是喜悦发芽最重要的时期,一切都变为可能,包括昨日无法理解的事物。也就是这种新兴的坚定信念,点燃想要更多正义与平等的渴望。中古世纪的可怕黑夜似乎永远被我们抛在身后。对于孔多塞(Condorcet)之类极端狂热的人而言,幸福就只是一种宿命,必然与人本精神同声高唱凯歌,这是不能扭转也无法改变的事实。"就在一瞬间,"孔多塞在提到法国大革命时写道,"今日的人与明日的人之间便隔了一个世纪那么远。"人们不可能不想要自己的幸福:这是人的天性,跟物理中的物质定律一样,是万有引力定律的人性精神版。

---

[1] 康德,《理论与实践》(*Théorie et Pratique*),Garnier-Flammarion 出版,第 34—35 页。

伊甸园的矛盾

然而,在我们渐渐看见未来那块应许之地后,它却也愈来愈向后退去,奇怪的是,它与基督教的死后冥界愈来愈像。每当人们想抓住它,它便蒸发消逝;走近它,它又让人失望。因此进步的概念才那么含糊暧昧:进步是对努力和勇气的邀约,是将上一代的失败转为成功的希望,进步却也捍卫了现在的不幸,为的是一则求助于遥远魔法的神话。明日又变回牺牲这个永恒范畴,而以往的乐观主义看来像永远无法结束的涤罪行为。伊甸园始终在后头,而基督教式痛苦的俗家子弟繁衍众多:黑格尔主义者认为,民众每次忍受的折磨是心灵修成的必经阶段;马克思信徒以暴力迎接历史新生,宣扬消灭剥削图利阶级,以早日建立一个完美的社会;尼采主义者称颂残忍与罪恶,认为那是能遴选强者并改进人类品种的方法。基本上,所有迫使人民应不惜牺牲国家的意识形态都属于此类。所以对许多学派而言,恶是一时的善,再怎么残酷的折磨,这些派别都能找出执行它的秘密理由。从此以后,任何灾祸,只要在世界经济中占有某种地位,就都可以被解释为何发生。每一次破坏都在为往后的重建做准备,历史也成为错误的累积,而错误会渐渐变成真理。恶梦已散去:再怎么惨重的错误也必定会为全人类的兴盛助一臂之力。就这一点,黑格尔高喊:"万一有什么事情是无法用观念诠释解决的,那么就得把它看成最高等的分裂,最大的不幸。"[①]这足以代表现代主义的特质。当沮丧蔓延,任何解释与诡辩都

---

① 黑格尔,《历史中的理性》(*La Raison dans l'Histoire*),第212页。

不再有效，以理智辨认真实的企图也显得荒谬可笑。在受苦这方面，现代人虽然也痛苦，妄想的程度却不比其教徒祖先好到哪儿去。因为痛苦一针见血地戳破他们的骄傲：关于全能的谎言被揭穿。我们知道，譬如说在法国，一直等到二十世纪最后几年，医生才勉强肯为末期病患（新生儿末期患者也到此时才被承认）减轻疼痛，而在这之前，他们只一味地忽略疼痛的存在，只把疼痛当成病兆的指标。但是，哲学家、思想家，或当权者为把不幸合理化而说得天花乱坠，碰上这件斩钉截铁的事实时也碰得一鼻子灰：民主社会的特色就是对受苦这个现象愈来愈过敏。受苦受难的现象不论持续存在或增加，都使我们蒙羞，何况我们已经没有上帝来慰藉我们。由此可以看出，启蒙时代衍生出某些矛盾，而我们一直未能从中跳出。

基督教精神对道德的严格要求不须全部传译至人世，只要有个雏形就好。这个世界上只有不完美和平庸，赎罪的希望被放在死后的冥世。一般凡人瓜分懦弱与自私，贤人圣人则必须示范另一个等级，应不计一切全力奉献爱心和善心。换句话说，比起世俗的意识形态，宗教将永远占有一个有利优势：它完全不需要证据。宗教对我们许下的承诺不在时间或人世的范畴；而相反地，我们的世间理想必须向验证的法则低头。希求人间天堂是不够的，必须还要以最好、最惬意的生活形态使其具体化，同时，期待落空的风险也一直存在。

这是第一个障碍，而另一个又来雪上加霜。宗教不鼓励过分忠实地表现天堂：在这个绝对甘美的地方，饥饿不再，饥渴不再，没有坏人也没有时间。在那里，肉体将获重生并永远青春，处在一座极为华美、充满天使与圣者的宫殿中。这种地方不可能被很详尽地形象化。教廷与千禧教派不同，它总是把末世学说的经文诠释得像是寓言故事。这展现了宗教的智慧,而且所有一神教都这么做:天国的生活远超过人类的想象。那样的生活是一连串欢欣的相加,是一片"至福的风景",其热烈高昂的程度更是我们无法揣度的。人们没办法说天堂的岁月如何,只能说它不是怎样,仅能用"否定反证法"来谈论它(伪名丹尼斯[Denys l'Aréopagite])。

得救进入永福这个观念的力量,是对主有一种难以言喻的狂喜迷醉。宗教思想有"极为严苛的条件,得救之日绝不可能偶然到来"①;相对地,世俗对幸福野心勃勃,反而要求幸福一刻也别拖延,早日降临。宗教世界不能容忍空虚和延期,这是他们的损失。就这方面而言,进步这个观念,因为默认现在这一刻无法完全称心如意,所以或许是有点智慧的。倘若天堂降临人间,或许将给我们带来无穷尽的麻烦,我们会暗地里期待不要看到愿望真的实现,因为怕会失望,这种多疑心态也解释了进步的引人之处:时间被赋予养成新鲜喜悦并翻新旧有快乐的可能性。在未来,还有其他垂涎的事物在闪闪发亮。多亏了这点,和著名格言相反的是,幸福也可以写下历史。幸福史的精华要义就是,每一个时代、每一个社会都描绘自己认为能追求到的愿景,并将喜欢的和不能忍受的事划分清楚。幸福是立即的享受,也是一个希望,对一项能掘出喜乐的新源头揭示完美的新计划满怀希望。

痛苦的顽强性

自从生命的目标不再是尽义务而变成过好日子之后,一

---

① 胡塞(Clément Rosset),《独特之物》(*L'Objet singulier*),Minuit 出版,第17页。

点点的不称心就仿佛是对我们天大的冒犯。不管是十八世纪还是今天,苦难这项人类出不完的麻疹始终残存,一直都是绝对寡廉鲜耻之事。基督教始终小心翼翼,从未自告奋勇说要拔除人世之恶:那是白拉奇信徒(pélagieniste,译注:五世纪的异端学说,否认原罪与圣宠的重要性)的荒唐野心,根源于过分狂热的崇拜。帕斯卡尔早把人类想自己找出解决灾难之道的企图归为疯狂的行为。然而,启蒙时代的思想家却相信人类会因知识、工业发展和理性的结合而脱胎换骨。这种信仰并不带有任何不受拘束的乐观主义,反而是掺有计划和善意的混合物:几乎所有让人类哀愁的不幸最终都有可能被克服。但是痛苦毫不疲累地频频来临,粉碎了完美理性世界这个幻想。从此以后,轮到失去上天庇护的人类用自己的办法来消灭痛苦;这个担子既激奋人心又沉重不堪。以前,原罪说起来轻松,我们大家对那私密的地狱也怀抱一种乐观态度:地狱会在时间的黑夜中消失,地狱就在我们每个人之中,所以这侵扰全人类的重担不会只压在某个人身上。结果人身上不会发生任何悲剧,因为当历史走到最悲惨最艰辛的时期,即是证明人犯了原始的错误,以及赎罪抵过的必要性。

当邪恶因信仰基础而散化成人性良善时,一切都不同了:那时恶将失败,成为异端。从那之后,我们对每一次犯规疏忽都要负责,因败坏人类对自己的美好看法而带罪。恐慌性的散裂!有些人试图一口气打倒全部不幸,就像那些革命分子;有人想从细部着手,如那些改革派。然而,某种怀疑产生了:这些努力可能只是幻影吧?不幸是否将如影随形地跟着人类发展呢?在法国大革命用贞操和断头台巩固婚姻并粉碎理想社会的美梦以前,整个世纪都在困难重重之中努力寻求快乐美满。人们以为已经进入倒计时了,不需要再担心了,其实是重蹈覆辙。那个古老的世界根本不肯死去。即使摆脱偏见和无知,人的心里始终想把价值和事实划分开来。

从今而后,苦难失去了宗教的借口,再也没有任何意义了,只不过是个丑陋碍眼的废盒子,人们不知道该把它摆在哪儿。不必再去解释苦难,它就是一种现实。它变成一个该杀的敌人,因为它一再捣乱,破坏我们在人间建立理性秩序的企图。以前,苦难是赎罪的运作力,现在,它将变成修补的动力。但是,根据一种奇怪的吊诡(我们随后会论述其结果),人们愈加以挞伐,苦难就愈多。于是,所有违抗显明的知性力量的,不肯接受理性的,抗拒进步发展的一切,都被冠上苦难的名字:人们追求的幸福社会渐渐变成一个挥不去沮丧的社会,被对病老死的恐惧亦步亦趋地紧跟着。在堆满笑容的面具下,这个社会到处散发出难以闻咽的灾祸气息。

最后,好不容易挣脱道德家的枷锁,快乐就显示出其脆弱,而且又遇上另一项重大的障碍:烦恼。光是扫除禁忌和恐惧还不足以让人无忧无虑地享乐。幸福对经济、计算、秤重都有反应,它需要真理也需要对比。满足对幸福而言既是宿命也是阻挠。在这方面,前卫又尖锐的伏尔泰似乎也已全部道尽。他在《憨第德》(*Candide*)一书中写道:人类被"担忧的激动抽搐和烦恼的嗜睡症"瓜分着。而卢梭著的《新爱洛伊丝》(*La Nouvelle Héloïse*)中的茱丽则更过火:"举目所及都是令人高兴的事物,但我却不高兴……因为我太快乐了,所以觉得烦。"(第六部,书信八)。这些令人议论纷纷的说法将公认的喜乐重做一番检讨,不过并没有加以否定。幸福是微妙的,这并非因为它屈服在禁令的重压下,而是它一旦放纵起来就会把自己弄得筋疲力尽。而就从十八世纪开始,至福和空虚携手并行。

　　总之,幸福才刚被抱到圣水器中接受洗礼,就已经遭遇两项阻碍:幸福会被稀释在日常生活中,而且到处碰到顽强的痛苦。就某方面而言,启蒙时代的先哲们给自己订了过高的目标:不要在基督教最强盛时贬低它。剽窃宗教独有的特长,借此超越它,这曾经是、也一直是现代主义的计划。而近两个世纪的主要意识形态(马克思主义、社会主义、法西斯主义、自由主义)也许只是俗世版的忏悔录,希望能为人类的不幸保留一点最起码的意义。若非如此,人类根本完全无法承受。于是,现代主义仍被这它宣称已经超越的东西羁绊着。本该放弃抛在身后的,又回来以懊悔、念旧的姿态纠缠着这一代。这就是为什么,切斯特顿(Gilbert Keith Chesterton)说得好,当代世界"充满变得疯狂的基督教概念"。幸福就是其中之一。至少十八世纪讲究的舒适安逸并不狂妄,还很脆弱;那个世纪的敏感度极高,如果在现实中找不到预期的希望时便会感慨激动。二十世纪却不会这么谨慎。

3 至福的戒律

在这里,我们很快乐。

——卡斯特罗在古巴的口号

康福浪漫,幸福的伙伴!

——法国广告词

早晨起床时,我们可选择保持好心情还是坏心情。这选择一直存在。林肯说,人们可以依照自己心意决定要快乐还是不快乐。对自己重复:"你过得好得不得了,人生是美丽的,我选择幸福。"成为打造自己幸福的工匠,规定自己一定要快乐。列出一张正面积极并愉快的思想的清单,每天复诵。

——皮尔(Norman Vincent Peale),
《积极思想的力量》(*La Puissannce de la pensée positive*)

1929年,弗洛伊德出版了《文明及其不满》一书,宣称得到幸福是不可能的:幸福是不断增加的欲望,个体若想在社会中生存就该抛弃欲望,因为所有文化都在舍弃本能后才得以建立。而既然不幸处处威胁着我们,威胁我们的身体、本性,以及我们与他人之间的关系,弗洛伊德做出以下的结论:"在'造物'的蓝图中,根本没有加入人类快乐这一项。人们所称的最狭义的幸福,来自一种原本迫切的需求突然获得满足的感觉,而且因其特性所致,这种幸福感只可能以插曲的形态出现。"[1]

在精神分析之父眼中,至福原被视为白日梦,然而,才五十年的功夫,它却变得几乎不可或缺。在这段时间内,发生了一场双重革命。一方面,资本主义从以储蓄和工作为基础的生产系统,转型成代表消费和浪费的消费系统。这种新策略不但不排除快乐,反而欢迎它的加入。这种策略消弭了经济机制与我们的冲动之间水火不容的对立,更把这股自然的冲动转变成发展的动力。但是,特别是西方社会中的个体,已从集体意识的桎梏中获得解放,挣脱了民主初期的专制束缚,希望得到完整的独立自我。"自由"了之后,个体就没有选择的余地了:伊甸园通道上的障碍已消失,从某种角度来看,人可说被"宣判"必须快乐,或者换一种说法,如果他无法快乐,那就只能怪自己了。

在二十世纪,幸福这个概念遭受两种命运:在民主国家中,可以说是对享乐毫无节制的好胃口——奥斯维辛集中营的解放和欧美保护消费主义运动的兴起,相距才十五年左右。在另一些国家,幸福成为一种被强迫的快乐,在这种情形下,幸福黯然失色。执意行善,无论如何要使人们变得更好,虽打着这种名号,却有多少坟墓尸穴因而开挖?应用在政治上,幸福成了一种百发百中的杀人工具。为了建设明日

---

[1] 弗洛伊德,《文明及其不满》。

光辉灿烂的邦城,再伟大的牺牲也不算什么,再怎么清除人类中的害群之马都不够。许诺的田园牧歌一下子变得骇人听闻。

在此,我们要讨论的不是已为人熟知的专制偏航,不是奥威尔式的强权,也不是赫胥黎想象的情感灌食法(在我们的社会中,还有许多迹象让人联想到《美丽新世界》或《一九八四》两本书)。我们所要探讨的是另一种元件,纯粹属于个人主义时代,从无止境的建造自我工程中获得。命令仿佛已不再使用法律和努力的词藻,而决定好好呵护我们,协助我们。仿佛有一位天使一直陪伴着我们每个人,并在我们耳边细语:千万别忘了要快乐。反乌托邦主义者群起反对一个过于完美、仿佛被时钟控制得好好的世界,从那时候开始,我们把时钟带在自己心中。

自愿的狂喜

是什么诡异的机制使好不容易得到的权利变成法令,让昨日禁止的事物今日变成了标准?是因为我们对至福的信仰完全受"掌控"的概念:我们应该是自己的命运、也是自己的喜乐的主宰,我们不但能够打造它们,也可以随意将它们呼来唤去。就这样,幸福、科技与科学一起被载入普罗米修斯的功绩清单中:我们应该制造幸福,生产幸福,并发扬幸福。过去的世纪中所有的圣哲都予以证明,并以多种方式复述的唯一信条:高不高兴是意愿的问题。譬如说,法国哲学家阿兰(Alain Emile Chartier)写于1911到1925年间的《语录》(Les Propos)系列,出版以后成为不折不扣的畅销书。他在书中把喜悦和身体的运动归为一类,把忧愁和情绪归为另一类。为了对抗怨叹和愁苦,应该"对天发誓要快乐",并把这项技巧教给孩子。这些打定主意要活泼搞笑而且绝不抱怨的人应该获得回报才对。

不管胃痛到什么程度,下大雨,存款没有半毛钱,"快乐是对他人的一种义务"①。这种阿兰式的意愿幸福比较接近礼仪艺术:"愉快是礼貌的"(居里夫人),不要在别人面前展露不快,要面带微笑,有了这些礼貌才能维持一个人人喜爱的社会。因此,说这套应让人愉快的基本礼节适合体制,还不如说比较像道德守则。

然后,也是因为纪德(André Gide)在《地粮》(Les Nourritures terrestres)一书中发布了一则真正的肉体官能享乐宣言,并宣扬一种狂热的道德说,强调欲望比饱足重要,饥渴比解渴要紧,两袖清风比拥有一切更好。但在《新粮》(Les Nouvelles Nourritures)一书中,这位肉欲主义的战士却捍卫起日后为我们这个时代采用的信念:视幸福时代为权利,为"武装着欢乐迈向生命"这一代人的口令。"幸福的总和端赖每一个人的心灵和感受能承受多少。即使只被抢走一点点,我还是遭窃了。"

最后是因为六八学运爆发,因为该运动争取所有欲望的解放。在这项运动发生的前一年,有位境遇主义者(situ-

---

① 阿兰,《论幸福》(Propos sur le bonheur)。"幸福的义务"一词源自于马勒伯朗士。他认为幸福是精神的完美修行,并为"自爱"正身,将其视为一种获得拯救的工具。自爱被康德用来当作一种假设性的命令,为道德法则的领导治理作准备:"确保个人幸福是一项义务(至少是间接的),因为对自己的现状不满,在众多担忧的压力下和没能达成的需求中生活,这可能很容易就转变成违反义务的强烈意图。"(《道德的形上学之基础》[Fondements de la métaphysique des moeurs])。最后,那些以责任义务为优先的功利主义者鼓吹,每个人都应该为了快乐而尽量培养潜能。

ationiste,译注:二十世纪五〇年代法国知识界反对现存社会结构运动)瓦内杰(Raoul Vaneigem)写了《青年生活守则》(*Traité de savoir-vivre à l'usage des jeunes générations*)[①]一书。书中,他成功地达成声明及综合当时社会精神这项艰难的任务。在这本充满狂热与激情的作品中,作者严厉抨击一点,亦即人道主义只能因那些垂死的、唯利是图的中产阶级所犯下的错而浑噩度日。他反对这种被动的奴性,鼓励各类主观的自由结盟,只有这样才能体验到"握有各种可能的微醺,人人都能享受所有快乐的晕眩"。除了为清算剥削者和"烦恼的组织者"而教唆浴血犯罪之外,六八年五月学运中几则最动人的口号都借自瓦内杰:"我们不要把人不死于饥荒的保证,换成人必死于烦恼的世界。"或者,听听这悲壮的呼喊:"我们生下来就不愿变老,我们为不死而生。"这么说绝不为过,瓦内杰自认为萨德、傅立叶、兰波,以及超现实主义派的继承人,表达一种意志论者对于存在的观念:根据他的看法,借着屈服的想法与自由的力量之间的惨烈战争,存在的强度会不断增加。对抗自我本身的奴性及想奴役我们的许多主宰的这场仗一定要打,没有折衷的方法。不是完整的人生,就是绝对的失败:"那些半途放弃其凶残力量和激进诉求的人将会不幸⋯⋯,每一次投降后,反动的力量只有替我们布置彻底的死亡。"

参加六八学运的人和瓦内杰本身都嫌恶幸福这个字眼,因为它听起来有着小中产阶级的愚蠢,像消费者主义平板的牧歌,乱七八糟的心理状态。在他们之前,披头士和嬉皮士也抗议某些专属五〇年代的兴奋感,其中最佳代表就是美国

---

① *Gallimard* 出版,1967。

梦:一家人聚集在一辆车旁,以及团圆在郊区的小屋中;广告里新婚夫妇与冰箱的组合,配上那心神荡漾的微笑。这是米勒(Henry Miller)于1954年,在一篇罕见严厉批评美国的文章中所宣称的"空谈的恶梦"。然而,就在历史习以为常的一眨眼间,这为了欲望而做的反抗也将僵化,并流于一项新的幸福学说:人们骚动倒不是为了反幸福,而是不满分配幸福的定义太狭隘。这么一来,人们更新了幸福的内容,而未置之于死地,就像通常体系中最主要的敌手都来自最好的同盟……

但是,六〇年代也重新策动了一则直接取自启蒙时代的幻象:所谓的品行和愉悦,道德和本能可以结合,带领人类轻松完成义务[①]。幸福和法律可以相容,十八世纪的理性乐观主义如此相信。六〇年代高喊着:无论什么人,有欲望不再有罪,原罪都是禁令造成的。这曾经是白日梦,在那个年代,认为只要弯腰鞠躬就是受到尊敬,而且对其中的和谐气氛深信不疑。那时谁也没有怀疑,把至高无上的任性和迳行判定善恶的无邪欲望捧上天,会导致奇惨无比的暴力。这一点,头脑比现代不信教者清楚的萨德早已明白。另外还须一提的是,那崇高又怪诞的希望(透过身心治疗法提倡者格罗代克[Georg Oroddeck]、赖希[Wilhelm Reich]和马尔库塞[Herbert Marcuse]以各种名义传播),认为享受和性爱高潮仍旧最能颠覆社会,也最能够对抗死亡和衰老。而死亡和衰老,瓦内杰强调,并非自然所趋,而是一种"社会法力无边的诅咒"所造成。

---

① 因为自然法则终于和道德命令混为一体。参看莫兹,前述作品,第145页及以下各页。

由阿兰提倡、在世纪末达到巅峰的概念，就是我们不再视幸福为权利，现在幸福是命令。我们继承了这些观念，即使一个也记不住也没关系，因为它们已凝聚成一种共识，今日我们都沐浴其中。不但愉悦、健康、救赎成了同义词，尤有甚者，形容憔悴成了可疑之事。就是这点触犯了命令每个人去追求最高成就的禁忌。

有人会提出异议：二十世纪中有其他对生命看法比较灰暗的观念，如存在主义，关于恐慌的哲学，更别提还有文学始终维系悲剧性的观点。然而，这些学说或多或少带有解放性质，因应不靠上帝、自订法则的人类之孤寂而生。而我们这个世纪末，随着十九世纪便已察觉的趋势，认为自由附属于幸福之下，而非幸福附属于自由之下，并把后者视为整条放射线的顶点。康斯坦（Benjamin Constant）已经注意到这一点，他将现代人的自由定义成"私人享乐时的安全警卫"和个体对独立能力的胆小忧虑。在很长一段时间中，人们认为幸福的意念和中产阶级成功的标准相互对立；但现在幸福却又成了成功的要件之一。五〇年代，加缪还能为喜好狂乱不羁的欢愉以及高朋满座的流水席辩解，对抗斯大林式的教条和法国官样的假正经。二十年之后，这种喜好变成了广告宣传口号。从今以后，这项可怕的特权是：我欠自己幸福，正如同别人欠我幸福一般。我是这项权利的主要保证人；这项权利赋予我一种主导自己的力量，虽能使我振奋，责任却也重如泰山：如果欢喜与否全在我的一念之间，那么遭受挫折时，我岂不成了唯一元凶？所以，想要感到舒适，仅是渴望它、公开声明或随意设定自己想要的安适生活就够了吗？

无可挑剔的享受

为什么从六〇年代开始,对消费性社会的批评会这么快造成消费主义的盛行?因为当时喊出的口号是:"心动不如马上行动。""让烦恼去死吧!""生命不留白,享乐不受限。"这些口号倒没用于爱情或人生的层面,而被用在商业方面。人们以为能颠覆原有的秩序,一心一意助长世界性的重商主义。在饥饿和口渴时,所有的东西都必须马上得到;然而,心灵和欲望这两方面有它们自己的步调与间歇节奏。这种极端自由主义的意愿造成的结果很具广告性。在性欲方面的解放,既没有我们无止境的购买欲来得多,也没有我们毫无忌惮觊觎财物的能力来得多。这成了向钱看的销路勘察员的革命派所向往的美景。而革命曾经是工人运动,是马克思主义和激进左派能去批判体系的缺失并让它花最少金钱进行改革。这有点像嬉皮,他们发掘了亚洲、非洲,或大洋洲最好的观光景点,比全世界早了三十年;然而,当初推动他们的是远走他乡、与世隔绝的渴望。

批评消费这种骄纵小孩的豪华享受?荒谬!消费具有吸引力,因为它所提供的理想既简单又无穷尽,而且只要有财力,每个人都能做得到。消费不苛求什么条件,只希望大家想买和付钱。人们被它喂得饱饱的,像个被用汤匙灌食的小婴儿。不论别人怎么想,消费还是令人感到乐趣无穷,因为在流行风潮中,大家都热烈地采用别人提供的东西,把它当作是自己选的一样。自从傅立叶以后,大家都晓得,我们不会把某种快乐逐出教门,不会诅咒它,挑剔它;反而会吸收它,用更美好的欢乐取代它。消费主义把你气得两眼发直,就像你把那些在百货超市里踏步的小牛气得瞪白眼一样？想想其他的乐子，创造新潮流！但是拜托，别再唉声叹气了！

慈悲的强制

　　道德风俗的解放是一趟奇怪的历险，即使人们对它已非常熟悉，却还是不厌其烦地加以重复，回味那苦涩的一百八十度大逆转。几个世纪以来，在信仰和礼教的名义下，肉体被打压到成为西方社会中象征毁灭的地步。但是，现在肉体被解放后，却出现一种奇怪的现象：人类不但没有无忧无虑地享受它，反而把禁忌转移到享乐之中。享乐因自身而焦躁不安，它开设了自己的法庭，判了自己的罪；并非以上帝之名或羞惭之心定罪，而是因享乐自身不足而有罪：它永远不够多，永远达不到标准。以前，道德和幸福是誓不两立的对敌，现在两者则已合而为一。今天，不道德的是不快乐；超我已安稳地坐在至乐的城堡中，以铁腕治天下。无止境折磨人的罪恶感结束了。耽乐不再是承诺，现在它是一道课题。圆满的理想接替阻碍的意象，结果理想却反而变成圆满的绊脚石①。我们每一个人都要为自己的精力和好心情负责，该做的不再是放弃所有我们习惯拒绝的完美之路，而是调适自己去顺应它。秩序已不再定我们罪或剥夺我们，现在它像一位母亲，关切地指引我们实现完美的道路。

　　如果把这份慈爱当成解脱，那可就错了。这是一种慈悲

---

① 根据布吕克内和方基克罗（Alain Finkielkraut）在《爱的新乱序》（*Le Nouveau Désordre amoureux*）一书中已探究过、而基耶柏（Jean-Claude Guillebaud）于《欢愉之专制》（*La Tyrannie du plaisir*）一书中又研讨的逻辑。基耶柏的作品探讨禁忌在现代社会中的地位。

的强制，会衍生出不安的情绪，然后又会尽力从人类身上解除这种不安。它所公布的统计数字和模式使一种新的缺陷族群出现，这个族群不骄奢淫逸，不纵情狂欢，却成天哀愁、扫兴、令人沮丧。幸福不再是一个天上掉下来的机会，不再是无聊度日中赚到的一次吉运；幸福是我们的生存因素，是我们的命运。一旦某项愿望有可能实现，它马上就被纳入必需品的一项。速度快得难以想象，因此，昨日的伊甸园梦今日已是平淡无奇。日常生活中注入了一种胜利者心态，众多手下败将伤兵残马已被抛在脑后。因为社会地位已重新定义，不再只是财富与权势，也包括外表；光有钱还不够，还必须看起来健康。这种区别人我和抬高身价的新类型，并不比用金钱衡量的方式来得容易。这种从骨子里显现出善美的伦理学领导着我们，同时由带着醉眼微笑的广告和商品大力支持。

"成为你自己最要好的朋友，赢得自己的尊敬，凡事往好处想，大胆地过和谐的生活等等……"关于这方面出版了大量图书，让人觉得要做到好像不是那么容易。幸福，凭着那广大的心灵市场，并不仅是这个时代最大的工业而已；它也确实是一种新的道德秩序。根据这项秩序，繁衍沮丧或反抗这纠缠不休的享乐主义都必将导致不幸和绝境。于是，我们因过得不好而有罪。在众人和自己的良心面前，非得回答自己过得很好。因此，有一家杂志社的调查结果好得惊人，百分之九十的受访者都说自己快乐！没有人敢承认自己有无助的时候，怕自己的社会价值因而滑落[①]。欢愉的学说想积极作战，夺去禁忌压迫的力量，然后心满意足地反过来压制

---

① 根据《费加罗杂志》所做的民调，1998年11月10日。

禁忌,多么奇怪的矛盾! 对于欣喜的不确定期待必须被转变成誓约和一种对自己的警惕,生命的艰辛应该被换为永远的甜蜜。与其认定幸福是一种有可能借着次要目标到来的间接技巧,人们建议不如当它是一样能立刻达成的目的,并提供许多有用的配方。不管选择了哪种方法:心理的、生理的、化学的、精神的,还是电脑资讯的[①],到处都有相同的预想:美满就在你身边,只要具备一种"有利条件",一份能将你直接带到幸福面前的"伦理规章"。想在心理国度建立领地的意愿被完全逆转了,传统上良心从未有过类似感受。这种意愿想改变不是它所能决定的情势(冒着无法接触可改变事物的危险),白费心机,徒然奔波。幸福加入了天国与消费主义的大计划中还不满足,经由我们每个既是受害者又是共犯的人,幸福也成为一种威吓一切的系统,对于因无处可躲而深受其苦的人而言,那其实是一种与他们密不可分的恐怖主义;他们也让其他人为自己的缺点软弱感到羞耻。

健康、性、焦虑

所以,至福这项功课有两个优先考虑的范围:性和健康。因为这两者之间有利害冲突,而且都受到持续性的瞩目。

性欲在这方面的特点是,爱因为它而变得可以计算,并屈服于数学的威力之下;在寝室的私语中,情人们检验幸福并互问:我们达到标准了吗? 他们是对性能力这新的神论权威,要求在热情方面提出可触摸得到的具体证明。这相当于

---

① 关于这点,请参看勒克莱尔(Bertrand Leclair)很有意思的作品:《慰藉产业》(*L'industrie de la consolation*),Verticales 出版,1998。

学校和美食两种模式的结合体：好吃的菜单会得到好分数。从爱抚到各种体位，从反常倒错到颤栗，他们测试着两人的婚姻或同居生活，建立享受的总检讨，以发出声响的表现、暴露狂式的发泄来和其他夫妻抗衡，自封特优奖或给"尚可"之类的评价，试图借此对自己的情感状况放心。爱永远受着优柔寡断之心牵绊，以为这样就能换来明确干脆。鱼水之欢不仅仅是被道德解放弄成陈腔滥调的一种古老的大胆行径：在每一下心跳中，那是人们唯一能依靠的事，只有它所经历过的各种转眼即逝的感受，可转换成可记忆的量值。于是，透过数字的魔力，人们评量自己与人相处的情况，验收自己淫逸享乐的高产能。

同样，对健康的执着倾向于将生命中的每一刻都医药化，而不是赐予我们无忧无虑的愉悦。表现出来的，就是所有属于生活窍门一类的都和治疗方面搭上关系：视其用处或害处而定，群体的礼俗娱乐变成了烦恼。比方说，食物不再区分成好吃或难吃，而变为对身体有益或有损健康。正字标记比滋味来得重要，经过等级筛选的远胜过不合规格的。餐桌已不只是佳肴的祭坛、分享和交谈的时光，反而更像是药局的柜台，在那里，人们仔细地量秤脂肪和卡路里，小心地咀嚼那些被视为药物的食品。喝酒是必要的，但并非为了品酒，而是为了加强动脉韧性，为了加速新陈代谢应该要吃谷类面包，等等。矛盾的是，这种对健康的烦忧大行其道的国家——美国——却也是个"吃得糟透了"、肥胖症急速增加的国家。因为，重要的不再是充实地过完上天拨赐给我们的每分每秒，而是尽可能地延缓时间，生命分为各种阶段这个想法已被长寿的观念取代。

生命的长短变成一种标准值，即使人们必须以极为严苛的代价去换取:正如那位为了活到一百四十岁标准年龄而一天只吃一餐的美国学生所坦承的,在看起来快饿死的骨瘦如柴之下,所拥有的是极端恶劣的心情。或如那些一心想延长寿命的狂热派,一天让自己多长出八十个细胞,希望借此超越百岁天年大关。到目前为止,想表达的是不惜一切把时间空出来,亦即争取时间。从现在起,这意味着拼命三郎般的生产力,着魔似地从慢性病患期中多争取到的每一年。我们绝不能否定这方面惊人的进步,何况,在这个领域中,延长的不真的是生命,而是老年期。这段期间无止境的延展,很可能会使总人口数被一块大陆的高龄者塞爆,并赋予西方社会老年医学中心的面貌(这就是青春主义属于高龄国家的意识形态之原因)。不过,我们被放逐到保证十分健康的地球①上这一趟旅程虽可怜,对虔诚老祖宗的禁欲苦修却也没什么好羡慕的。人想消灭所有不正常和所有的弱点,结果却否定了健康最主要的优点。对自身的不在乎,或如乐利奇(Lerich)所说的"器官的沉默"(即使这个说法是骗人的)。现在,人们穿粗布道衣不是为了压抑肉体的反抗冲动,而是为了处罚躯体的不够完美、跟理想中的典型还有一段差距。基督教的古老预言将实现:那些不会败坏、永不腐烂、永垂不朽,以及所有科幻界一再传播着的"圣体"永远不死,必将复活。我们那些唯科学主义式的狂想其实直接源自于宗教,而且需要宗教加以实践。

    只有生病的人才会认为"健康就是幸福"②。对身强体壮

---

① 斯非(Lucien Sfez)想净化人类和地球,并重造一位完美的亚当科技人。他这种生化环保的野心示范,成功地粉碎了完美健康的新乌托邦梦想:《完美的健康》(*La Santé parfaite*),Seuil 出版,1995。

② 《健康杂志》(*Santé Magazine*)一月号的广告词。

的人而言,健康只不过是一种不痛不痒的状态。拿它跟幸福快乐相提并论,其实意味着我们已是一脚踏进棺材的人,自己却不晓得,不赶快觉悟不行。此后,我们得一直把自己从过高的血压、不正常的消化、变胖的趋势中拯救出来;我们从来不嫌自己太瘦、太壮、肤色太健康。"一切皆可治疗"已成为我们脑海中根深蒂固的观念,而媒体和身边亲友也不断地提醒着我们。再加上预防医学及基因筛检,这种准则变得更严重。而依照这种准则,我们全都成了可能残废的人,整天紧张兮兮地观察体重是否超出标准,心跳的节奏是否正常,皮肤的弹性是否刚好。这是一场诡异的奋战:检查自己,抨击自己,视身体为昔日基督教中所说的,一处潜伏着危险威胁的所在。不过,今后我们比较不需害怕地狱之火的危害,要担心的是外表的委靡和崩垮。既然旺盛的精力代表上帝选举的征象,就像以前财富在加尔文教派中的地位,努力吃苦的人终将获得报偿;相反,粗心草率成为衰败和遭遗弃的同义词。于是,健身房和其中的健身器材常被比喻成中古世纪的酷罚刑具;不同的只是现在我们全都自愿受刑。而塑身这项行为明白流露出由自己来重新创造自己形体的梦想;令人讶异的矛盾在于,过度的肌肉训练容易使身体看起来像一具去了皮的人体解剖模型,仿佛内脏囤积在皮肤上,像只手套似的外翻过来,而且,透过突起的血管筋腱,才能证明自己给自己施加了多大的苦刑。

告别悠哉

因此,健康囊括了所有生存的范畴。早在 1978 年,在亚特兰大,世界卫生组织就将健康定义为:"身心社会皆完善的生活。"若想达成此目标，对什么都不能掉以轻心，即便是精神心灵层面也不可马虎。所有价值在此神奇地融合妥协：做个温和善良的人自己也舒服，同情心可增加免疫球蛋白 A 的数量，这种抗体有助于抵抗呼吸系统的感染，延长寿命，抑缓忧郁症；心灵平静带来友谊及财富；信神对健康极有助益，有信仰的人必将青春长寿，这一切都有科学证明！所以，对医疗、医药、美容、密教等机构的要求才会如此永无止境，人们才会改成信奉用来提升满意度、减缓器官衰退、降低焦虑。这么多的麻醉剂完全合法，而且可媲美赫胥黎《美丽新世界》中的索马体质（soma），如百忧解、褪黑激素（melatonine）都被用来调节我们的心情，保护我们不受灾厄，使我们永葆青春直至最后一刻①。唯有神奇的药物才会带来的危险。生命中的苦痛常被视为不合常理，生活中若有困难则被贴上残障者的标签（同样地，如果伟哥用于享乐而非治疗，欲望不小心犯下的谬误可能被扣分，因为表现功夫已被视为绝对；而无论变得迟钝麻木或趾高气昂，肉体都不可能疲惫）。不厌其烦教导我们如何避免日常烦恼的古老智慧被远远抛在脑后：阿兰还不停地加添建议，教人如何止咳、止嗝，把眼睛里的小蚊蝇弄出来，坐火车时不会觉得无聊。在特定范围中有效的小技巧，对整体生活一点也不会造成困扰。但是，化学所带来的便利极为广泛且不容置疑，所以就更加诱人。我们可享受

---

① 瑞杰逊（William Regelson）是维吉尼亚医学院的教授，褪黑激素的促销人。以下是他想象即将来临的幸福场景："今天是您的生日。您热爱您的工作，但是为了庆祝生日而取消了所有下午的会面。您跟一位朋友去打回力球，然后到爵士夜总会与您妻子碰面。您已经订下蜜月套房，里面有按摩浴缸。隔天，你们还要到公园跟曾孙们去溜直排轮。这已不再是一场您子孙辈的未来场景，而是您自己的生活。"（丹尼尔[Sarah Daniel]引述自《新观察家》[*Le Nouvel Observateur*]，1995）

"携带型销魂狂喜"（德昆西［Thomas De Quincey］形容鸦片之用语），至高无上的好处，浓缩在一颗小小的药丸中。

健康有其殉道者，有开拓先锋、英雄、圣人，可是，无论在哪种状况下，透过各种控制和监管，我们都必须为它付出金钱和心理上的双重代价。健康让我们绝不会忘记自己，因为患病与治愈两者之间愈来愈难以分辨，并且可能造成疑神疑鬼、永远"机能故障"的忧虑社会。我们在健康方面唯一可能犯下的过错，就是没有日以继夜地挂念它。从小，我们就被安排来弥补自己的缺陷，从头到脚重新打造一番。这项针对自己的工作，无穷无尽的监控，就连为了度假而事先晒出古铜色肌肤或减肥之类的鸡毛蒜皮小事也不放过，这其实相当于一种精神上的罪赎。因为指引我们舒适度日的导师，无论是宗教的、心理的、哲学的，还是医学的，他们都是好心的审讯官，让每个人竭尽自己主要的快乐泉源：超脱，不在乎，忘却生活中的小苦恼（这就是所谓的恩典特赦期，这欢欣的小插曲让人们远远抛开受苦行煎熬哀鸣的人们。在这段期间，偶然和机会结盟，我们身旁处处洋溢着它们所带来的利益）。在中古世纪，每个活着的人都是被判了缓刑的死刑犯；然而在今日，多亏了科学，人人都可能会长生不老且充满活力；又为了多活几年和进入百岁人瑞的"天堂"，人人非得吃苦牺牲不可。也许有一天，我们必须起来反对新兴的永生理论，要求死亡的权利，就像我们的祖先们一样。

焦虑存于恐惧之中，在这个竞争激烈的世界里，我们害怕不能保持地位、缺乏生气、没有活力。人们评量自己，处罚自己，像听忏神父一般仔细。很久以前，多数人的幸福便已从矫揉做作、罗曼史和车站文学等狭隘领域中跳脱出来，幸福也是坚顽、严苛、一板一眼没有弹性的①。戴着温厚有礼的面具向我们走来的,其实是苦行及凌辱,强迫我们永远对自己的现状不满足。过去的说教者神情严肃,继之而来的,是新讲道者始终挂在脸上的微笑。微笑治疗法:套句市场的用语,这就是佛教徒比基督徒占有绝对优势的地方。就是这个原因,在气候温和的国家中,愈来愈多有钱人信奉佛教,而清教徒和天主教徒却只能感化热带国家的穷人。

注定倒霉的人

这些人在叉路口总是选坏的那条路走,而且天赋异禀,一定会去捣翻所有土蜂窝,自找麻烦。他们去度假? 那铁定马上会被抢劫,或感染当地最少见的病毒。在每个庆典节日中,都会看到他们苦着脸气呼呼地,仿佛大家的兴高采烈对他们是一项侮辱。他们把一种疯狂的天才发挥得淋漓尽致,那就是做什么都会失败,而且"给自己带来不幸"的稳定度和成功率总是那么高,让人不得不佩服。他们的人生很快就变得像一片废墟,只有靠宿命论来安慰自己。他们自然而然地招来一次又一次的厄运,让人发笑,有点像那些什么疑难杂症都能得到的病患,他们本身就可以被编成一部病史大全。他们是对自己的灾难充满热情的工匠,在成品上缀上悲惨的细节,堪比金银师傅的精巧手艺。他们的死将与他们活着的

---

① 正如卡兹若夫(Jean Cazeneuve)明白指出的,为了让自己跟得上预设的幸福而引发身体不适,这样的世纪病不是消沉,亦非哀愁,而是溃扬和梗塞:《幸福与文明》(*Bonheur et civilisation*),Gallimard 出版,1962,第 202 页。同样,艾伦堡(Alain Ehrenberg)也极具说服力地说出忧郁症、焦虑症和生理抑制如何从《"做自己"的疲累》(*La Fatigue d'être soi*)中产生。

时候一样可笑,当然也会很糟糕,不过没什么严重的就是了。

对失败的焦躁紧张?这很难确定。因为患有慢性不幸的人也像我们每个人一样想出人头地,但飞来横祸却是他在世界上留下的唯一签名。他费了好大的劲终于争取到诅咒此生的权利,而为此受到的现世报应却也不浅!这个可怜虫只有在灾难中才感到自在,因为好消息只会使他陷入迷惑。大部分人的生活多半时好时坏,他则恰恰相反,始终活在霉运中。这让他充满一种矛盾的骄傲,不知不觉中被指为特定人选。他也许心灰意懒,但是,在悲惨的窘况中,他其实盘据着一个辉煌的宝座:遭弃绝者的王位。

欣喜的十字路

不容改变的新幸福具有双重威胁:它拥有区分准则的权力以及无法预知恩典的力量。它是非常阴险的福音,因为从不具体稳定,而且暂时拥有这项头衔者——美貌的人、快乐的人、有钱的人——随时都可能失去它。被录取的仅是一小部分,相反,绝大部分都是不及格的、备受惩罚的异端分子。由于这项指令不够明确,我们若在幸福面前弯腰屈服,它就回避闪躲,所以它极为凶恶。必须受苦才能露出胜利的咧齿微笑,其实胜利者也是吃尽苦头才有今日,所以现在也疑心是否将轮到他们失势。话说回来,这也是所谓肤浅的、男性或女性的报章杂志所扮演的角色,每星期都提醒我们这则教训。这些媒体既具娱乐性,又有教育性和强制性,或者用它们的术语来说:"实用、有趣又讨喜"。它们一直支持着两样相互矛盾的事情:如果愿意付出代价的话,人人皆可得到美貌、活力和喜悦;而忽视这些东西的人,必须为自己的衰老、貌丑及缺乏享受负全责。民主的趋势：再也没有人会因身体缺陷而被定罪，先天缺陷不再是一辈子的宿命。处罚的趋势：永远别自以为已经成功了事，你还可以做得更好，稍有一点儿疏忽，你就会马上被打入地狱，成为弱智者、懒惰虫、性冷感①。这类报章杂志号称轻松；然而却一页页地传述着极为严肃的讯息，一则则晦暗却涵义深远的绝对性命令，不只提供一个比一个年轻完美的男女模范，还给每个人一张彼此心照不宣的合约：照着我所说的去做，你可能会与每一期版面那些卓越人物不分轩轾。这些传媒操纵着一些自然产生的恐惧：衰老、变丑、发胖，而且更加强烈地唤起这些意识，并以这种方式来减轻这些恐惧②。

只要幸福仍是一项"信仰的超级产物"（西塞罗），它就能让人梦寐以求，继续作为燃烧热烈的渴望逐渐殒没之点。幸福既然成为普罗众生的唯一远景，从工作、愿望及努力中升起的地平线，当然也会带来焦虑。即使从此以后罪赎将透过肉体达成，而不只是心灵，这也不会改变任何事，我们必须对当下的自我赎罪；不论在人生的哪一阶段，内脏器官永远是等着修补的破旧机器。无论如何，我的幸福使我心烦，利用各种不可能实现的戒律毒害我的存在。就像泰国皇室的高

---

① 正如《比芭》(*Biba*)月刊1999年7月号的封面所题："享乐优先！是的，是的，你还可以做得更好！"
② 许多例子中的一则：针对男性读者创办的《男性健康杂志》(*Men's Health*, 1999年5—6月号)，提供以下的专题：五个瘦身秘诀，性爱时如何多持续三分钟，如何保持良好的性欲，如何在飞机失事时逃生，心脏病发作时如何存活，夫妇争吵时如何面对，如何自我诊断前列腺之健康，如何在有生之年天天做爱，等等。在这些标题的幽默趣味之下，其实隐藏着一种恶梦般的陈腔滥调。人们认为自己在翻阅着一本充满魅力的杂志，事实上，他们打开了一本潜在不法行为的型录。而这本轻度犯罪大全使得所有的愉悦机制都笼罩上一层疑云。在此，娱乐消遣和矫正教养之间密不可分。

级官员临终时，必须向国王请求缀有焚香鲜花的死亡许可。而我们则信赖极乐至福这个吹牛大王，请它明示我们是否走对了路。和注重优质的伊壁鸠鲁主义或纵酒狂欢的狄奥尼索斯主义相比，我们的享乐主义相去甚远，承载着不幸与失败。虽然我们是这么地顺从听话，但肉体却背叛我们，岁月在我们身上留下痕迹，病魔漫无目的地袭击我们，而喜悦则从我们身上经过或逃逸，其节奏速度全非我们所能警觉。我们既非自身喜乐的主宰也不是其拥有者，这些快乐不断地躲避与我们订下的约会，却总在我们意料之外出现降临。而对身心所有的脆弱之处——如哀愁、忧伤、空虚——进行删改消毒的决心，一旦碰上我们的极限，碰上人类无法控制的惰性时，就遇到了阻碍。换句话说，避免或更正某些祸恶，我们有此权限。然而，和平不仅是战争之终止；同理，幸福不仅是灾厄之消弭，更是一种积极正面的状态（斯宾诺莎）。幸福是另一种情感阶层，与我们的一心好意或精明灵巧皆不相干。我们可以不痛苦悲伤，但不一定非要沉浸于欣喜之中。即使在世界末日般的大浩劫中，我们仍可以体验永生难忘的销魂狂喜。

曾经感受的幸福则是一则诅咒：许多作品所呈现的，正是美国梦幽暗的大斜坡。辛勤工作只为了在地球的混乱之外，再创人间天堂，然后又发现这人间天堂是邪恶的，禁止进入的，而且"应许之地已成为一块永受牵连拖累的土地"（杨科雷维屈[Vladimir Jankelevitch]）。但是，这梦想之所以碎灭乃是为了在灰烬中更完美地重生，攻击它的人不由自主地重新点燃蕴藏其中的许诺。因为我们的社会在病痛的层面中注入了其他文明认为是正常的、痛苦的优势；而在正常的，甚至可说是必须的这一层面中，注入别人看成是特例的、幸福的感觉。知道我们是否比先祖们快乐并不重要,我们对此事的看法观念已有变化,而更换乌托邦就意味着更换阻碍。不过,我们的社会应该是史上第一个让人因不快乐而招致不幸的社会。

适切说明"迷惑人心的得心应手,用以追寻理想最后却可能造成反效果"(以赛亚·伯林)的好范例。其他人受欢喜诅咒,被愉悦折磨,到头来用天堂的武器打造出各种小地狱。为了让我们每个人在社会判死刑的压力下,坦承自己很欣喜,享乐变成处罚和威胁,我们被一种专制的快乐奴役着。在这种设定下,不幸福染上了神怪色彩,那些被否认却又存在的幽灵、鬼怪,正因人们不知该如何命名而愈发恐怖骇人。中了伊甸园的毒的人所主张的论调与专权,就留给他们自己吧!在此,我们只想除去罪恶感,减轻负担,让人人都有自由不快乐,不因此羞愧,或自由享有微小插曲般的幸福,随自己高兴。不要妄下断语,不要制规立法,不要强迫要求。如果不希望一种合理的渴望变质为共同业报,那么,应该以最随和的态度、最平常的心情,来看待这位冷酷的偶像:幸福。

第二部
温和的王国,还是平庸之发明

4 黯淡而苦乐交加的史诗

> 干草堆上躺卧着人类饲养的幸福家畜。
>
> ——马拉美(Stéphane Mallarmé)

据说,在伦敦有一间不轻易对外开放的俱乐部,严格要求会员只能用现有的陈腔滥调说话,不然就会遭到被开除的处分。要是谁试图挑起争辩或发布稍微有点意思的想法,马上就会被驱逐。这种艰巨的训练所要求的头脑灵活度并不逊于官司辩护或演说家之间的争论。

在此,我们想讨论的并不是这项强制平凡无趣的命令,这种在一切皆相等的共同世界中,人类、事物及言语的堕落①。我们想探讨的是另一种平庸,在区分平凡与创意之前便已出现,诞生于中古时代的一页折痕:短暂的新体制,其特殊之处在于世界被通俗化,世俗战胜了神圣。一直到法国大革命之前,宗教担负着双重功用:引导人世之生命并颂扬其

---

① 针对这种现象,杰法侬(Lucien Jerphagnon)写了一本精心杰作:《论平庸》(*De la banalité*),Vrin 出版,1965。

中最不起眼的一面。人生一世带领我们穿越重重试验,走向永恒:如同班扬(John Bunyan)。从毁灭之城到天空之城这段朝圣之旅,途中遭遇一连串阻碍,比方说,虚荣乐园或失望之塘(《天路历程》[The Pilgrim's Progress],1678)。死后冥世这个观点让最卑贱之处都能被弥补。不论多么微小都能得救;整个宇宙,即使丑陋空洞,也将被解放,获得自由。

解放与重担

从人类取代上帝成为律法根源,而宗教也撤出公众范围成为私人事业之后,时间赢得了若干自主色彩;它不再只是代表着通往永恒之路,它依附我们,而且仅仅走向我们的某处。时间成为个人可以大放异彩并打造自我之处,但同时也是一团迷雾,使人深陷其中;它既是创造者,也是个颠三倒四的家伙。这就是现代主义的发现:生命并非我们所说的一成不变,其中的新意是可以创造的,但生命有时也会频频重复。在"中古世纪生命的惨痛"(赫伊津哈)之后,随之而来的是一段丰富却无趣的踌躇时光。

神明的引退有好有坏,这是人类独立的好机会,可以不受监管任意发展,然而这也是必须双臂扛起的例行重担。只凭上帝之力,透过持续的创造,万物皆能苟活,并避免"再次掉进最初之虚无"(圣奥古斯丁)。一旦远离神,或被贬抑成大钟表匠(而且直到康德之前,显示它存在的证据不断增加,这证明人类的独立确实是个难题),它便夺走了世上所有的道理。万事万物失去了掌管它们的神明,显得无依无据,渺小微弱,揭露了"事物以原来面目存在"的事实。邪恶的现代接替崇高的中古世纪;微小的相对取代伟大的绝对。人的束缚一下子被解除,因而恐怖晕眩,人所承受的不是魔法幻灭之苦,而是失去方向的迷惘;人自由了,却也变得微不足道。出生以来便操控着他的封建主权,将他钉死在救赎的烦恼中的宗教戒律,从这些枷锁中解脱后,他却再也弄不清自己原先的宿命与今后的命运是什么了。

而这项解脱也衍生出平庸,也就是说,人类自身的全部内在。也许未来会出现,但此刻没有谁可逃脱,天空低沉沉地压在头上。于是我们注定只能生存在这个世界中,被指派定居在凡尘俗世。且让我们改编一下莫朗(Paul Morand)的句子:除了地球之外,可以说只有其周围广大的外太空了。不再为了更美好的生活而繁衍后代,我们的星球自己蜷缩成一团。有宗教的时候为了得救必须赎罪。从今以后,关于赎罪的就是存在这件事实了。以前的问题是:如何与上帝共存;这个问题在西方人心中已超过千年。现在问题渐渐改变,又回到老祖先们烦恼的问题;简单一句话:如何活下去?

与崇高神祇壮烈的对峙结束了,这出圣经剧曲,近乎于一场爱情戏,一幕配偶间的争吵,一次公堂对簿。人类被孤独留下,必须全部重头学起;最简单的事,如出生、死亡、衰老,都成了问题。以前,生命中谦卑的部分可透过祈祷、信仰、仪式等来改善修正,现在却没有什么能拯救我们的平庸单调。如果现在必须解放自己,那是因为我们依附上了这种一成不变;而罪过与恩典之间的相对性反而不如平凡和例外之间的差距来得大。一场对抗时间的战争正在展开,时间,这个不容置疑却又难以捉摸的主宰,人类似乎并未完全超越对永恒的渴望,只不过掉进了非教徒时期的漩涡,受其摆布。

启蒙先哲的兴起并非与人们常说的黑暗面密不可分,真正息息相关的是一块灰色区域——各大主义,即使连横综合起来,也无法将之抹去。于是愉悦将采取两条道路:微醺陶然,对激烈的疯狂追寻;抑或是阴暗平淡,对以千百种形态出现之单调的矛盾享受。由此,现代化与民主之结合来自于平庸、小心眼及粗俗等观念,也就是所有小中产阶级的新神明。这就是西方世界的历境:将信仰流放至内心深处,提出地球是人类唯一资产的诉愿,抹去它的神圣色彩,让科学与理性能对它进行探究开发。但是,在这座庞大的工程中,在这对于发明与发现的异常狂热中,平凡的尘埃四处渗透堆积,卡住了转轮,荼毒着心灵与命运。有一种他律性掌握住压制权,不是上帝,而是光阴已死的片段,是日复一日岁月老旧的痕迹。平凡,是没有命运的人类之命运,是一个机会,也是一种落到我们身上、每个人都必须分摊的桎梏。就是平凡,在这个世界调和了地狱、天堂和炼狱,让人在一生中,有可能同时或陆续经历它们。

毕竟基督教对救赎与沉沦的戏剧化,在世俗夸大成功与不成功时产生。没有人能逃过。一切都在一生细窄的时光跑道上决定,不可挽回,没有后世来慰藉抒解我们现在与过去的不幸。一生,仅仅一生,令人心伤的仅是这一生,因为在这一生中,短暂竟带有永恒的特色。然而,谁握有判定胜负的准则,还将它们命为正式的标准?获选者与被诅咒者之间的界线何在?正如但丁所说:"正道迷失。"谁保证以现行标准来看的失败生命就不曾快乐过?所以,显出浮水印般的轮廓是:活着的不适,有钱阶级从十八世纪以来就染上的病,而在一段漫长的民主过程之后,这种不适症状逐渐扩散到大众身上(这可能就是民主主义的目标:扩展精英分子的痛苦,而非他们的特权)。将整段生命归还给自己及自己的力量仿佛成了一件超人的任务。"活着是一件非常非常危险的事,哪怕是只活一天。"(维吉妮亚·伍尔芙的《达洛维夫人》[Mrs. Dalloway])

例行公事之转型

习惯是什么?是某种储存精力的技巧。习惯来自保留存放的原则,不用每天早上重新开始,制造吸收意外与特殊状况的反射能力。没有规律的生活会是一场恶梦,因为规律已成为我们的第二性格,替我们免去一再付出努力的疲累。规律使我们能掌握原本很让人气馁的才艺或职业。我们很需要这些习惯,因为它们在我们的生命中踏出节奏,是生命的中枢脊椎。这些习惯不是嗡嗡杂音,它们证实了我们对自己的忠诚。弃绝它们,就等于弃绝自己。高超的技艺不在于打破惯例,而在于能灵活操控好几项惯例,才不会依赖其中任何一项。而一点点原来的旧习惯就能培养出新习惯,这叫做新生。

同样,有一种重复的快感,其中最狡猾之处在于,当重复独掌了大局之时,却也悄悄地消隐无踪。而在重复之中,时间感会消失,因为它会一成不变地再回来。西方世界对创意极为着迷,于是对重复所培养的看法过于负面。在某些文化中,回归相同的主题——诚如在阿拉伯或印度音乐中,一个无止境持续不变的音符——最后却能掘尽各种难以察觉的相异性。这些异常单调的曲调被悉心加入了许多细微的变化。它们与静默不分轩轾,在原地踏步的同时一面前进,用这种独特的方式将我们催眠。

总之,扼杀我们生活的不是规律,而是我们的无能,无法将它升华成一种生活的艺术，无法将生理现象精神化，把最微不足道的一刻提升成一场庆典。这大约就是两种西方世界之间的区别，即使这两个社会似乎愈来愈相近了。美国人是十足的功利主义派，他们相信幸福，把它载入宪法中，并且准备将它教导嘱咐给每个人。至于比较多疑的欧洲人，则把幸福当成享乐，特别是懂得过生活的品味，这种品味长久以来由传统培养，形成一种融合着喜悦与悲伤的集体文明。

请看看速食与美食之间的差异。速食的原则是食物供应快速，单独一份，便宜。而美食的原则在于宾主尽欢和消磨时间的品尝。这是以两种不同角度看待时间的方法：一种是扼杀它，缩减重复的事项；另一种是与它合作，将它敬奉为礼拜仪式。一种显示基调为便利迅速的服务性社会，另一种则是累积习俗的社会，认为其古迹资产即风俗中藏有智慧与巧妙的宝藏，遗忘它们是一种罪过。旧世界的魅力，即是其文化之多元性能抵挡全球的整合。新世界的吸引力，则是对系统性地创新因应灵敏。对前者而言，诞生即是后继，持有悠久的智慧；对后者来说，诞生是除去前人，跃向未来的应许之地。

事实上，这两种方法都吸引着我们。我们想享受过去的乐趣却不要受其困扰，想享受现在的好处却不要其不足。我们是一项混合型遗产的继承人，在对仪式的怀念与对单纯的幻想之间摇摆不定。

激狂的惰性[1]

1998年，美国华盛顿有个女人在网络上设了一个网站，

---

[1] 在此重拾的主题在本人与方基克罗合著之《街角历险》(*Au coin de la rue l'aventure*)中已讨论过，这次我用另一个角度来探讨。

让每个人都可以全天候地观看她在自宅中的动向,陪她一起做那些再平凡不过的家事。这种企划后来被许多人如法炮制,且搁下其中的暴露狂心态不谈,在此,我们可以肯定的是:每天拍摄自己这种事,只有现代人才可能想得出来,何况这个人的生活与别人根本没两样。这种无意识的重现操作,带着一种严肃,一种决心。摄影机在这里担任以往私人日记所扮演的角色,但是在日记中,文字难免只能记写片面,镜头却能把一切都记录下来:一只渐渐填满的垃圾桶、一个慢慢漏水的澡盆、一株发芽茁壮的菜苗、一双室内毛拖鞋,别忘了还有那些扣人心弦的篇章:夕阳、朝阳、沉沉的梦乡。而且,令人惊讶的是,这种可怕的平庸生活被小题大作,乃是对空洞虚幻的深深迷恋。也许该把这种举动看成一种意志,那是想赎回岁月的原味,将它置于几千个网友的众目睽睽之下;此外,那也是一种自我肯定,确认我们所有人都泊宿于同样的处境中:即日常生活之困厄。仿佛我们共同组织着一个虚拟社会,里面的人永远不会有什么差错,或那是一个数字部落,族人皆已失去发生大事的可能性。

可以肯定的是,日常琐事有两样相互矛盾的特性:我们愈被它弄得筋疲力尽,它就愈反复出现。日常琐事让相同的事物不断重现,借此淹没我们;它把明日变为今日的复制版,而今天本身就像一张忠实重复昨天的唱盘唱片。日常生活的规律跟宇宙定律或重力律一样严谨。相符性、正常性、一致性:见闻与历练的孕育养成,无色无味赢得胜利,等同之中永无止境的轮替。日常生活带来没有过去亦无未来的恒常现在,仿佛所有岁月都融合成一天。它的吊诡之处在于时间被时间本身废止,在于它是永恒所扮出的鬼脸,跟钟表有点儿相似,依照拉布治(Gilles Lapouge)的说法,用恒常运动来制造永远①。日常琐事具有一种侵蚀力,能将最恐怖的事化为泡沫,在它手中,一切都将遭吞没。此外,大部分用来比喻烦恼的意象也因此都是些陷入流沙、卡住或动弹不得的情况:如波德莱尔和爱伦坡笔下受困于冰川中永远冻结的船只;福楼拜文中沉睡的沼泽,马拉美所描述的,连飞鸟都为之僵结的贫瘠冰河;那也是魏尔仑(Paul Verlaine)冬雪下死寂的平原,莫拉维亚(Moravia)最后将整条运河堵塞了的石灰岩质码头仓库,而根据萨特的比喻,那是某种天然的黏滞性将你紧紧缠黏。长久以来,外省被视为地理上的一个等级——特别是在非常中央集权的国家,如俄罗斯和法国——而且是抽象无实质意义的,它代表着这段几乎贴于地面的生命,这段无止境的冬眠,而两个世纪以来,文学界绞尽脑汁,为的便是描述冬眠时的空寂虚无。生命孱弱、消沉,对像陵墓般埋葬了整个世代的禁锢永远视而不见。枯燥的境况,提早来临的死亡,在那里,所有甜美感人的事物在稍稍被了解之前,甚至在尚未被爱过之前就已遭遗弃。而随着雅各宾(Jacobin)集权体制的消弭与各区域之兴盛,"外省"这个字眼,正如众所皆知的,早已过气不流行了。

  那反反复复没完没了的日常生活,将一切中和淡化,消去对比,抑平满腔热情,打造出这么一股迟疑不决的力量,将情爱、感觉、愤怒及希望皆淹没于一摊尚未分解的明胶中。正因如此,期待预定幸福就像点菜一般轻而易举,这样的梦想被日常生活彻底粉碎:因为它把幸福溶解了,消化了,幸福的滋味才刚刚冒出就被涂抹灭尽。日常生活是一具会自动

---

① 拉布治,《乌托邦与文明》(*Utopies et civilisations*),Albin Michel 出版,1973年初版,第 110—111 页。

保养的机器,而且不需外力即可运转。起床、穿衣、吃饭、出门上班,想完成这些简单的小事还必须拥有过人的勇气才行。"我认识一位英国人,"歌德说,"他因为不肯每天早上打领带,于是上吊自杀了。"岁月疲乏无生气,密实又厚重,正因情势如此,更应完成作品,实现计划;真正的爱甘冒日常生活的危险,勇于向它挑战,并不会太快被打败蹂躏。日常生活缺乏那最悲怆动人的特质:悬疑。在日常生活中,没有任何事物被期待或引发颤栗,因为一切重复又重复,永无止境。这样的问答多么可怕:"最近有什么新鲜事?""没什么可说的!"根据波德莱尔的说法,如果遗憾是无法去破坏摧残,那么相反地,平庸即是无法去创新,在所有相似时刻的泥团上打一个缺口。何况这个居家世界对某些人而言,并不乏吸引力,他们这些人渴望放纵自己度日,像一叶小舟顺流而下,把自己托寄给月历上的日期和四季轮替,由它们来指挥方向。从这些每天必做的琐事中可获得一种镇定效力的享受:这些例行公事已安排好一切,原本无关紧要的事也因之变得必要。在这种惯性规律中,人们几乎机械式地自行作用。星期日或假期在某些人身上会引发焦虑,因为有好长一段空白要去填满,之所以产生这种焦虑,是因为规律一时间断;这规律也许无趣乏味,却能安定人心。然而,对于多数人而言,日常生活触霉头之处在于,它二十四小时全天候跟着我们,但是我们却希望能随意分割它,从中窃取一点点甜头,跳过剩下的部分省略不管。"噢!生活,我爱你,但不是每一天。"这句话妙极了,一语道尽。

　　日常生活也隐含着一种动荡不安的虚无;它有许多不便之处和障碍,弄得我们筋疲力尽,而它的单调平淡又让我们觉得厌烦。我没发生什么事,而这什么都没有却已经太多了：我不能专心，必须兼顾千百项无聊的工作，一成不变的形式，毫无用处的八卦聊天，这些加起来不等于生活，却足以让我身心衰竭。这就是我们所谓的紧张焦虑，这种在一天天蚕食着我们的麻木中持续加强的腐蚀力。仿佛连毫无价值本身都为了它的那份付出而进行抗争。在我们褪了色的假象宁静生活之下，我们沉入一种无意的紧张状态。可笑的不幸啃噬着我们当中的某一个人，而又不造成悲剧。"生活岁月经由大脑和神经流逝……现代人的紧张便是人体对环境所发出的呐喊。"（柯拉［Rosolino Coella］）。默默忍耐着几千样不愉快也凑不成一件天大的事，不过已足以让我们陷入这最佳现代人的写照：疲惫。一种莫名的疲惫，并非特别卖命的结果，因为即使只简单地过着日子，它也会突然蹦出来；想借着休息来驱除这种疲惫可就错了，因为它本身也是生活中的一项小惯例。这是日常小事还是一项永久诉求：一旦接到这项指令，就非得回应"有！"不可。无论是在办公室里、在车上、家人相聚时，甚或是在梦中，要说明这种紧急状态，还有什么例子比行动电话更贴切呢？铃声一响，大家就忙着翻掏手提包、口袋，就为了抓住那只闪闪发光嗡嗡作响的小动物。此外，拜科技发展所赐，那些没跟着使用行动电话的人很快就会被赶出群体之外。不签下订户契约就从此完蛋，在青少年族群中，这种情况尤其严重。

在我们身边有那么多叮咛提醒，那么多劝募诱导，不停地推动着我们。佩带呼叫器、大哥大、随身听、耳机；不久之后，还可以在脑中植入晶片，在眼睛里加上荧幕，新新人类全身上下皆是辅助器材，随时准备出鞘使用，与整个世界相连；一个不肯结束战争的军人该有的装备，他全都有了。耗尽精力，负担过重，这是我们的现代恶习，尼采如是说。与幽灵持续性地对抗，我们所受到的损害不计其数，成为牺牲于阴沉灰暗中的重伤患。而我们生命的抑郁与传媒影像显现的繁忙抖擞对照之下，其间的反差令人惊心动魄：世界快速的行进益发衬托出我们的生活老旧而一成不变。所有一切沸腾着冒险与戏剧情节的声响，而我的人生却如此平淡。这是一种奇异的吊诡，希望平凡走向我们，但要它杂乱无章；希望虚弱衰累终究来临，却要它配戴速度和纷扰漩涡的面具。

紧张焦虑与大胆冒险相反，必须全神贯注才能维持日常生活的最低水平。于是，我们在一种"激狂的惰性"中挣扎，一种意料之中的忙碌里奋斗。我们大家都承受着被四分五裂的不便，丝毫没有偶然之美感，没有那种因真正的惊喜所带来的好处。我们停滞在一种中途状态，既不喜悦也不痛苦；我们并不觉得被光阴催老，反而眼睁睁看着岁月流逝，"就像鲜血从伤口汩汩流失"（基路［Louis Guilloux］）。有时候，我们渴望发生一次大灾难，一次真正的灾难，发生什么事都比这种没有尽头的中场休息来得好，比这种称不上悲剧却让人疲乏不堪的生活来得强（况且大家都知道，紧张焦虑这种不可或缺的行动力一旦过高，就会降低抵抗疾病的免疫力）。"燃烧殆尽远胜过枯萎凋零"，科班（Kunrt Cobain）引用尼尔·杨（Neil Young）的句子说。宁愿旺火烈烧，也不要被小火慢慢煎熬。然而，即便是小火也须付出高价才能购得。偿清债务的时候到了，我们仅在灰暗单调与厌倦中长途跋涉，那里有一种难以察觉的烂蛆，一点一滴地腐蚀最缺乏营养的命运。所以，生命是一段无尽头的短促时光，漫长得没完没了，但用可能的角度来看，却永远太短。我们还备有一段多出的时间，然而一旦用完了，我们就开始觉得时间不够。我们生命的探索走走停停，因而无法成为伟大的艺术品。艺术品的精密与协调完整构不上将我们定义为人类的条件：未完成，不明确。物换星移，每个日子复述的内容包含一切，就是缺乏美感；而没有人能把自己营造成一幅画、一尊雕像，或一曲交响乐。我们不是反映完美世界的旷世杰作，反而比较像手工匠，必须在一个曲折而不可预料的天地中成形[①]。总之，从生活到艺术之间有一段整型的工作：由它来浓缩、提炼、整顿、抚平我们的伤痕，为伤口设计造型，把悲惨改造得可爱，不可原谅的失败变得可以接受（也许，唯有写作才是真正的幸福，因为生命总想与文字搭配得天衣无缝，用最贴切的表达来形容）。

　　所以，日常生活让我们相信存在于一再重复与危险之间的巧合。发生的事情愈少，我们就愈努力想办法让什么事情都不要发生。仅因为活着就感到不安，无法抑制地，衍生出一种对平静和放松的需求。于是，产生了各种治疗途径，藏在禅宗、佛教、瑜伽等的令牌之后；于是，在欧美国家，兴奋剂和镇静剂被滥用，维他命丸和精神药物被毫无节制地吞服。即使我的日子已经非常糜烂，有如行尸走肉，但我还是觉得自己被卷入了一场大风暴中，无论如何得先停住脚步再说。用更多空虚来治疗从空虚生出的繁忙，这就是紧咬着我们不放的恶性循环。然而，在我们的黑白人生中，清静并不是那么重要，我们需要的反而是实实在在的活动，是有分量有意义的事件，是能将我们击倒在地、让我们激动得不能自已的晴天霹雳。时间这个大盗，仍继续对我们强行掠夺。不过，遭壮观地洗劫一空是一回事；在逐渐苍老中确实意识到自己

---

① 根据欧班克（Pierre Aubenque）对斯多噶派智者和亚里士多德派智者所做的区分：《亚里士多德之明智》（*La Prudence chez Aristote*），PUF 出版，1997，第90—91页。

的人生充足丰富,这是另一回事;然而,为了根本不晓得的东西而被时光小口小口地吞噬,这可又是另一回事了。我们这一代人的地狱叫做平淡。我们所追寻的天堂名唤完满。生存下来与延续下去是两回事。

5 例行公事的极端派

> 我的生命是从灭亡开始。很奇怪,但就是这样。从意识到自己的第一分钟起,我就觉得自己油尽灯枯。
>
> ——冈查洛夫(Ivan Gontcharov),
> 《欧布罗莫夫》(*Oblomov*)

为平凡牺牲的殉道者

僧侣修道院的生活把时间分割得很精细,一段段漫漫时光都保留给了祈祷和冥想,其实,这对今天众所皆知的世俗时间运用法已做了最佳预示。僧侣有个特别之处,如果他们隶属于某派静修会,那就是什么也不做,不动作也不生产:他们跟我们一模一样,屈服于这所谓的日常生活的强大无章的势力下,这股力量可以扭曲其信仰,使他们远离上帝。每一座修道院都必须实行心灵修炼,做这些功课的目的在于不让僧侣们分心,唯有如此,才能将他们引导到崇敬上帝的唯一正道上。很可能就是在各修道院的潜移默化之下,西方社会中灌注了一种精密的作息训练(之后被资本主义重拾运用)。那些全心奉献给主的人们，生活依据时钟调节，其规律的象征即是暮鼓晨钟。僧侣并不游手好闲，也不是懒惰的寄生虫，并非如后来路德和加尔文所指控的那般（这两位用工作代替祷告，把工作也几乎变成一种宗教行为），其实就某种角度来看，他们已经疲劳过度。和我们每个人一样，他们全心全意地专注在一件最基本却无关痛痒的工作：杀时间，杀掉平凡普通的时间，以求赢得永恒。一旦他们信仰坚定之后，每一个小时都是珍贵的，因为能全部奉献给上帝之荣耀。然而，如果他们有所怀疑或动摇退缩，立刻就会被懒散（acedie，源自希腊文 akedia，原意为冷漠和悲伤）吞噬，这恐怖的症状侵扰着苦行禁欲者，使他们离上帝越来越远，并被忧伤重重打击。对于那些终生致力祈祷并已感到厌倦的人，对于那些因对拯救自己不感兴趣而生烦恼的人而言，那是疲累。面对这恐怖的难过症状，教会也坦承束手无策：

> 一旦这种感受主宰了僧侣的心灵，就会让他对自己所居住的地方产生厌恶，嫌恶他的小房间，轻视与他朝夕相处的弟兄们，也看不起那些不亲近的同伴，认为他们不是粗心大意就是缺乏灵性。这种感受使他提不起劲去做本该在房间中进行的功课，害他无法在房里待下去，也不能专心读经。……总之，他觉得如果继续待在这里，如果不尽早离开，不赶快逃离这个本应与之共存亡的小房间，就永远不可能达成救赎①。

---

① 圣・尚卡西恩（Saint Jean Cassien）的著作《修士的机构》（*Les institutions cénobitiques*，公元 420 年），收录于布榭所著之《烦恼》（*L'Ennui*），Bordas 出版，1973，第 34 页。另请参考克莱田（Jean-Louis Chrétien）在《论疲累》（*De la fatigue*）一书中的精采评论，以及斯塔洛宾斯基（Jean Starobinski）之论文〈情绪及其转变〉（L'humeur et son changement），收录于《新心理分析期刊》，1985 年秋季号，第 71 页。

简而言之，那些荒僻的隐居所，本来是热诚和虔敬独霸的天下，现在因枯燥而注入了情绪，潜入了一层迷雾，腐化着焕发欣喜的修道院，攻击人心，消耗精力，使恒常的永久不敌瞬间即逝的短暂。由于缺乏"忍受长时间的勇气"，修道僧侣身上产生一种内在的腐败。因此，必须让他从早到晚有事情忙，划分他的思考空间，填满他时间里的空白，催促他完成各种工作，那些强制他做完却根本毫无用处的工作；若不如此，就怕狡猾会溜进他心里，使他很快懈怠下来。在《忏悔录》中，圣奥古斯丁建议利用赞美歌和感恩歌以避免"被击垮"的人们"因无聊而萎靡"。继他之后，圣托马斯称扬圣经中的晦涩强迫人非得集中注意力，并建议祷告不要过长也不要太短，而且要加上各种丰富的手势，以免信徒们呵欠连连。甚至上帝也不得不具有娱乐性。苦行禁欲者、遁世山野的人、隐士，他们是史上最先为平淡乏味牺牲的殉道者。他们的生活因为仅剩下对虚无的漫长祈求，所以更暴露于游手好闲的危机和平庸时光的腐朽气息中。请小心，不要看轻修道院式的懒散，更别把它与现代人的沮丧混为一谈。不过话说回来，被百般无聊折磨的隐修士仍然透露出一种征兆。无聊是最具代表性的世俗罪恶，在远古时代便已存在，随后在文艺复兴时俨然成为现代人的心病（然而，除了少数几个例外：如约翰一世，圣格列高利，比萨的克莉斯汀，中古世纪时倒极少发生）。

空虚天王

有一个人比谁都适合代言这种对空洞的狂热，一位鲜为人知的瑞士作家：爱米尔（Henri-Frederic Amiel，1821—

1881)。他写了一部极厚重的日记,有 16000 页以上。那是一部绝对空洞的巨作,内容是对虚无过度的记载,因为每一个日子的特色就是:什么事也没发生。这位博学家是日内瓦大学的教授,他把时间都花在幻想他本来可以写出的著作,以及梦想那些没和他结婚的女人。激愤、心猿意马,突然为"世界的变化多端"所束缚,他一辈子安于待在这种生存方式的帷幕之下,只有他的日记,点点滴滴累积而成的心血,让他恍惚以为自己有一段命运,一个身份①。更有名气有才华的日记作家也不是没有,但是只有他对那些令人厌烦的琐事及絮絮叨叨表现出无比的耐心。

爱米尔让我们感兴趣的地方,不仅仅是他的意志缺乏,而在于他把无意义带到一种前所未见的境地。在此,所谓的无意义并非没有意义,而是尚未被赋予意义。抱定决心,用最微不足道的事情营造小说气氛,而且还有点儿意思。因为他的日记是一座用纸张堆叠的神坛,供奉一位新神明:就是他用来描述场景、诉说来龙去脉的极度琐碎。心情、轶事、头疼、消化不良、呼吸困难,这一切琐碎得不能再琐碎的小事,最后却构成一则故事。他热衷于探索内心,忠于断断续续的浮光掠影,笃信"显微分析的欠缺不足",在文字上创造出一个崭新的范畴;把琐碎吹捧成现代心理的史诗,把意外说成通往重点的途径。他从琐碎的小事中萃取收获;他唤醒一整座低微的王国,透过他的笔,王国才得以缓缓浮现。而从这个成果之中,他获得一种矛盾的骄傲感。

---

① 关于爱米尔,请参看布莱(George Poulet)所著的《人类时间研究》(*Etudes sur le temps humain*),Press-Pocket 出版,第四卷第 266 页及以下各页,和贾卡尔(Roland Jaccard)所著的《爱米尔,私人日记》(*Amiel, Du Journal intime*),Complexe 出版,1987。

爱米尔愈是不愿拥抱世界，就愈需要写作。让自己不存在，并封锁这段缺席的期间，多么可怕的工作！"志愿当一个太监，一个没有性别、模糊又胆小怕事的人"，理所当然，既然日常生活根本没有底限。一想到每分钟都被各式各样源源不绝的变动占据，他便感到天旋地转。他渴望枯竭的疯狂欲望因而得到意外的强力支援。如果他抨击自己的作品，"这座空洞篇章的丛林"，"这种草率的隐世生活"，那么，他会因未能达成目标而更加忧伤；因为比起他一天中所感受到的、观察到的心得，他每天晚上整理在纸张上的根本不算什么。匮乏的奇特命运，竟是以过剩加以诠释。"这些私人日记全都是假象，它们甚至不及我在半小时内对一个题材所做思考的十分之一。""这日记和一天的关系，就好比水果的果肉和其芳香。日记采集事件，也就是生活中粗略而短暂的纤维；然而，那些轻盈微妙的部分——思想——或曾掠过心头的各种感受都蒸发消逝，没有在里面留下一丝痕迹。"本应经历的失败脱胎换骨，成为一件大事，荒凉的沙漠摇身变成天堂花园。他的连篇废话毫无生气，原因不是缺乏题材，反而是话题过多。因为这献给贫瘠女神滔滔不绝的内心独白，还是无可救药地触犯了天条；错误不在于说得太多，却是讲得不够。这部关乎虚无的巨大百科全书，相较于他还没写完的部分而言，只能算是一本薄薄的小手册。

那么，倘若这一丝小水流的充沛流量就已经压得他喘不过气，他活着又有什么意思呢（现代充满了这些绝灭永眠的英雄，欧布罗莫夫也是其中之一，他们充分发挥惰性卓越的力量，把迟钝和慵懒提升为绝对价值）？他的生命尚在萌芽阶段，只剩下它所能显露出的最简单本色，这还仅是一道阻挡不住的水流，而他不断繁衍的讲话内容，并不需要经过事实证明。这种本末倒置独一无二：不去叙述经历过的事，书写只是为了让自己相信自己活着，对自己诉说故事，为了膨胀自己，而不管那些事情有多么微小；用外表平庸但隐含着无限丰富的命运来麻醉自己。而透过这种方法，私人日记，或不如说是微不足道的日记，创造出自己的读者群，同样平凡不起眼的难兄难弟，他们看着作者每星期每星期地储存少得可怜的收获，觉得很高兴。我如无底洞般深不可测，这就是爱米尔告诉我们的，而且我一年三百六十五天都有不同出路（一天的时光宛如一整出人类的戏剧，从乔伊斯到维吉妮亚·伍尔芙，这曾经是二十世纪小说的重要课题）。我们日内瓦的教授活得不耐烦了吗？不过，这疲累厌烦被强化了，我们的疲惫发展出宝贵的精力，好让自己累得平安无事。三心二意是没有止境的，这就是他陷在自己昏天暗地的迟钝中，骇人听闻的大发现。

爱米尔可能开创了一种前所未有的幸福形态，苦行禁欲般的非生活，跟小说中的歇斯底里症恰恰相反，纯粹属于现代的精神官能症。空白的命运中只有不知所云的唠叨呓语，只有百般无聊，浓厚得让生命染上魔幻色彩。如果所谓的英雄是生活在千钧一发中的人，而且仅穿梭于两件功绩间的缝隙中，那么，爱米尔只晓得被虚无长堤所围绕的冷场时间。他仿佛被派任居住于虚无缥缈间，身为一个荒谬国度的王公，那是弃权之国之未竟之国。他所独创的不寻常生活，建立于常态性的流失上，而且让人联想起那俗世的神秘主义：颓丧。我们的时代中也充满这种例行公事的极端派，他们强迫自己接受呆板乏味的治疗，比如那些仪式怪异的朝圣者，在法国一个变更用途的车站中，每年举办一次"平凡小事研讨会"；又或如荷兰那位画家，希望实现无资讯，于是在1998

年四月的一本杂志里,随意插入16页空白,借此为读者保留一份全然的宁谧。社交生活追求并强调外表大众化,但这些逃兵煞住脚步,兴致勃勃地溜进日常生活的淡漠中,因此将这淡漠导入歧途,误入它自己的陷阱中。总之,要脱离平庸有两种方法:一是远远逃离,二是与之亲狎,亲密到能从内部破坏,将它击沉。

"玩"的乌托邦

英式冷漠的远房后代子孙,酷(cool)的近亲表兄弟——玩(fun),这个出身盎格鲁萨克逊的字眼,来自于休闲和童年世界,它不是一种娱乐心态,更非放荡不羁。相反,它是一种筛选系统,能从平凡生活中分离出一种愉悦核心,不强不弱,没有任何负面效应,将我们推进一个愉快的感官世界中。什么都可以用玩——也就是说,一种轻微的兴奋——来定义:性爱可以好玩,贞节可以好玩,婚姻、旅游、宗教、投入政治,只要不玩火焚身,什么都可以玩。所以,玩是一门过滤学,它筑起不显眼的护栏,输入经过消毒杀菌的环境,我就在其中享受世界,却不许世界反过来伤害我,处罚我。不知不觉地,分歧悄悄形成。一旦在我们和事物之间安置一个保护软垫,隔绝颠沛艰难,这道分歧便摒弃紧张忙碌生活中歇斯底里的部分,只认同经过精挑细选的娱乐消遣。

就这点而论,玩跟虚拟是同时期的产物,而且跟虚拟一样,抱着消灭物质世界的决心,意图颠覆时空界线。滑溜运动就带有一点这样的味道:冲浪与波涛亲近,是为了能与之好好嬉戏;轮鞋把柏油马路变成一条长长的滑带,上面溜滑着高尚优雅的身影,穿梭在行人之间,对各种障碍物置之一笑；高山越野兜风把滑雪者变成一只小鸟，在空中飞舞，滑过尖石岩壁，轻抚粉细的白雪。那些高难度动作令人惊叹：用身体的力量消除身体的存在，达到失重漂浮状态。那是鬼魂、精灵和穿墙人的世界，对他们而言，重力定律早已不存在，所有物质都已流体化了。不需重量，快翱翔去吧！没有拘束，无事一身轻的人如此梦想着，他们认为刺激比经验要紧，选择蜻蜓点水，不谈根深蒂固。讲起那厚重的现实也只为了避它更远。从今以后，拜科技所赐，我们可以跟猫王合唱，也可以与鲍嘉在电影中同台演出。同样，玩也领我们沉醉于童话故事的魔法中，在那里，欲望战胜所有一切，轻轻松松地得到满足。世界的崎岖不平棱角坑洞都消失了，只剩下一个平面，各种形状，各种影像。因此，我们什么都可以尝试，但什么都必须是无关紧要的。全面轻量化的乌托邦，躲避所有不幸，接纳一切快感，这就是玩心。有了它，生活变成一场不须花费就可以玩的游戏。

对气象的热情

爱米尔不只是第一个彻底实践空洞的人，第一个参与放弃计划的傻子，他还有一项发明（在卢梭和德毕朗[Maine de Biran]之后），后来成为他那个世纪和以后几个世纪的主流，就是让气象和我们的心情相连。在他之前，已经有人研究过天候对政体的影响，也有人把心灵描述成一种大气物质，可以测量其中的变化①。爱米尔则把这种观念系统化。在他的日记中，没

---

① 相关论点请参阅巴榭（Pierre Pachet）的小书：《心灵气压计》（*Les Baromètres de l'âme*），Hatier 出版，1990，第 37—38 页。

有一篇不是以说明当时的天气开头,仿佛得先看看天色才能知道自己的感受:"跟昨天一样令人高兴的大太阳。""灰蒙蒙的天气,热浪似乎已经殆尽。""灰暗的天空、寒冷、哀伤、没有光彩、没有爱,属于那人缺乏生气的生活,他没有勇气对女人伸出双手,并对她说:'在上帝的庇荫下,你可愿与我携手同行誓为连理?'那天候尚能忍受,但总教人想起隐修院和放弃世界的颜色。""我的房里洋溢着灿烂的阳光,大自然喜气洋洋,秋天绽放笑容。我也尽力回报它们的善意。"①

气象为大众热切瞩目始于十八、十九世纪。预测天气最初的用处在于农村与航海,但从那时候开始,气象不再只是单纯的预测科学,它成为一门关乎心境隐私的科学,也就是说,一门心情学。然而,心情是什么?不就是连结着世界与我们之间、让飘忽不定的个体与瞬息万变的大自然相遇的关系?气象让我们习惯无常的威力和各种小变化,它其实是养成细微差别的教育:如果我们周遭什么事都没发生,至少老天还会下下雨,吹吹风,出个太阳。天气的魅力就在于它不稳定。所以,这也是不断流逝光阴的魅力,不停变动的万花筒的魅力。时光磨锐我们的感官,首当其冲的就是感知力;它形成一种讲求介于两者之间的中间色调,差别细腻的伦理。而既然四季变化就足以造就存在感,它也重现出古希腊对宇宙的看法,那种事物与人心紧紧相系,让我们缅怀不已的契合。

帕斯卡尔在《沉思录》一书中否决所有和气候的关联:"天气和我的情绪几乎毫不相干。我心中自有浓雾天晴,与事情的好坏没什么关系。"信仰坚定、固执己见的帕斯卡尔,

---

① 节录自《爱米尔,私人日记》第十二卷〈人的年龄〉(L'Age d'Homme),Genève 出版,1994。

不像现代人怕冷,不因天候恶劣而大惊小怪,却也不知尽情地享受阳光。气象自然是随群居众落而产生的,而且从此扩及证券市场、期货市场和股票的涨跌数字。镶嵌在银幕的一角,每分钟上上下下,证券指数堪比拟古罗马皇帝的手指,随手一指就决定竞技士将得到恩赐或是被处决。而既然气象连结着外在的大行星与内在的小行星,从五〇年代起,在已开发国家中,它就成了享乐的象征。而电视的气象台也遭遇着准确与欣喜的双重困扰。不稳定的坏天气最好只是短暂的,可以宣布天气即将转晴,阳光会一路陪伴度假人潮,但前提是不至于造成酷暑热浪或干旱。理想的天气应该既稳定又适中。所以,当冷天雨季来临时,气象主播也愁眉苦脸——因为他带来了坏消息,甚至有共谋之嫌;而当大好天气重回人间,他也跟着高兴。无论在什么情况下,他都必须顾及科学中的严肃性,并带着央求的口气,就像一位对你叮咛的母亲:"如果今晚您将出发去华沙,别忘了带件外套!至于还要继续前往莫斯科的人,请再加件厚羊毛衣……"

既然天气已成为世界的肌肤,我们最原始的衣服,那么,它多少也保障着我的生命,并指示我应该如何生存。所以,罗兰·巴特说:"世界上最严肃的事,莫过于谈论天气。"人们知道某部分神经系统会侦测大气的微妙变化,灵敏的程度几乎如电子一般,薄雾极轻微地颤动,天色稍有一丝阴暗,皆被视为尖酸刻薄的戏剧评论一般,让人如临大敌(从 1987 年以来,季节性情绪失调[SAD, seasonal affective disorder]就被《临床诊断统计手册》[1]第二卷纳入周期性忧郁症候群之一)。我们的身体沐

---

[1] 美国精神病协会所编的精神疾病的《临床诊断统计手册》,极具参考价值。引述自苏迪埃的书:《四季的幸福》(*Au bonheur des saisons*), Grasset 出版, 1999, 第 272 页。

浴在太空大气体内,它的轻颤、叹息、狂暴都牵动着我们;它生病时,我们跟着痛苦;它健朗时,我们也得好处。太阳的光亮使我们满溢兴奋得意之情,使我们的心灵膨胀到宇宙边际;同样,灰暗阴沉的天空看了教人不顺心。距离最遥远的就是那近在咫尺的,老天爷的折腾苦恼都成了人类的悲剧。

然而,内在与外在间的一致才刚达成就又失效了。气象学不只是一门科学,它还拥有一切罪赎仪式的特质。它是一种占卜学的科技变身,跟星座学与数字学同类,不过可信度比较高。透过气象学的预测,有一股奇妙的神力或嘉奖或惩罚我们:最主要的过失来自于工业国家的为所欲为,因而遭受飓风、海啸、台风(人们以女性和男性的名字轮流命名,以免触怒到哪一边)报应。美国有些猎捕暴风雨和龙卷风的人,也有莽撞大胆的冲浪者,立在狂风暴雨中,等着最大的那股浪潮,将他们打到镜子的另一边(就像在 1992 年 8 月,安德鲁飓风肆虐整个巴哈马群岛和佛罗里达州南部,一位神秘的摄影师站在飓风的中心位置,事后虽然存活下来,却失去了理智)。所有天灾之中都夹杂着恐怖与狂喜,那时恶劣天候(暴风雪或龙卷风)歼灭一般平凡的天气,将普通生活戏剧化,带领我们到崇高壮阔的边缘,也就是说,一种超乎凡人的雄伟。即使我们不会发生任何事,那种颠覆仍然扰乱每一个人。在平凡中,气象掩盖了顽固异教徒的某种特性,是我们最后的超自然现象(八〇年代初期,约翰·保罗二世曾到意大利南部祷告,祈求旱灾结束)。这就是为什么气象也跻身主要慰藉之列。然而这种慰藉不太可靠,因为它不可能控制也无法指挥天气,所以我们会对着天愁眉不展,苦苦哀求天上那些掌控着我们命运、难以捉摸、三心二意的神明,它们的脾气数也数不清:倾盆大雨、冰雹、严寒、飓风、各种狂风、洪水,用尽办法折磨我们这些可怜的人类。

归根结蒂,我们主宰不了天气,也主宰不了自己,而我们在分析天色时,内心也同样起伏与不知所措。至于大气与心情之间的类比,那是靠不住的。炽热的太阳可能因过于强烈而把我们灼伤,乌云可以让我们高兴,冰雪霜雾让我们沉醉在欢腾气氛中好一阵子。气象是不可预知的神谕。气象中结合着两种相互矛盾的幸福:一种是与世界合而为一,另一种则是与世界作对。一方面,人类和宇宙间的交互影响极为脆弱:我们内心秘密的季节轮替不见得和事物有关。另一方面,我们备受春夏秋冬的严酷煎熬,试图极力摆脱时序,仿佛四季无视了我们想自主的决心。夏日天热,冬天下雪,这都让我们愤愤不平;面对天候时,我们简直像个被宠坏了的孩子,想随意指使它或打发它(1986年,法国讽刺报社《标杆》的员工,于酷寒的一月隆冬中,在巴黎街头游行高喊:"冬天太冷,密特朗有罪!")。

如果发生泥石流、洪水、雪崩时需要追究法律责任,那就表示对我们而言,没有来自大自然的灾害,只有人为疏失。每一桩悲剧发生都必须找出一个人来负责。人们已走出宿命心态,进而趋向有错必罚;大家不再动辄悲伤,倒是对一定找得到代罪羔羊的大时代指控历历。既然人类自以为能营造自然,主宰自然,理所当然地,他就得为自己的越轨行为负责。但是,报复在他身上的强大威力使他目瞪口呆,哑口无言。法国气象局预测失误,我们可以提出申诉;也许哪一天,会有人针对大地之母的坏脾气、多灾多厄的寒颤和有害气体与她打场官司。然而,当我们这受呵护的欧洲面临一场真实的大灾变时,大家第一个反应是晕厥呆愕,一切停摆,因为我们缺乏对紧急情况的应变训练(不像美国),因为我们已排除气候危险与气候严峻的观念。因此产生亲近世界或克服世界这两种意念：对世界的依赖让我们难过羞愧，但完全独立也不见得好受，因为我们将就此孤立。我们一方面需要共鸣，另一方面则需要自我肯定；现代良知介于这两者之间，在主宰的野心与和谐美梦之间，难以抉择。

病体奇谭

你生活中发生了什么事？很多人可能会回答：我有溃疡、骨折、风湿……。我的身体诉说了不少故事，我可以删减成一则则短文，而我一生的传记也全都浓缩在里面。生病，也等于自己有些什么不寻常的事情要说，是一种吸引他人注意的方式。疾病是什么？是一种器官的变化，可以被当成一种生活经验，而不只是一般认为的骚乱动荡。生病时没有关乎痛苦的浪漫情怀，也没有那种过时的神秘传说，硬认定每部文学巨著的源头都找得到一项复发病症：如普鲁斯特的气喘，陀斯妥耶夫斯基的羊癫疯，波德莱尔的梅毒；而拉罗歇尔（Drieu La Rochelle）甚至因应那种神话而宣称："身体健康的例子都乏味可陈。"理所当然地，所有人都尽量避免生病，而疾病所带来的难受折磨也无可否认。但是，人们不仅仅把病痛看成一种单纯的状态，一种削减[1]，或单单发烧和症状的交

---

[1] 在《正常和病态》(Le Normal et le Pathologique)一书中，康吉莱姆（George Canguilhem）明白显示出病痛的确是一种新的生活视野，能创新生活又能保持正常的正面经验。达巩涅（François Dagognet）则说明病痛是生命的另一种面貌，人人都身受其害却也从中获利。"人在选择生活时，也选择了他的疾病。"这就是为什么我们称之为"疾病"（affection，译注：此词在法文里又作"情感"解），我们既受其损害也紧紧依附于它。节录自《疾病哲学，与贝提的对谈》(Pour une philosophie de la maladie, entretiens avec Philippe Petit)，Textuel 出版，1996。

替;那可是生活中的一件大事。尽管我不愿意,但万一我的健康状况衰退了,我总还可以自己去适应承担这个后果,将这在我体内产生的奇特情形,转变成属于我自己的东西。即使面对最艰难的困境,我总还可以随时用言语宣泄,总还有那至高无上的自由能详尽描述它,借此维持和这处境之间的距离。

受了创伤的身体所产生的突变(肉体达到性爱高潮必然如此:膨胀是喜悦,恰如封闭带来不适),显示出生命始终忙着自我反刍,忙着攻击自己。在养老院里听老人们交换着永远诉说不完的身体秘密,互相谈论他们的前列腺、肺部和肾脏,因衰老的器官而受苦,被堵塞的膀胱、水肿的脚,以及长久堆积脂肪的血管,还有比这更悲哀的事吗?每个人都把自己小小的不幸投入同一口大锅中,在恐惧中互相竞争,因共渡难关而相连,形成各种短暂的族群:糖尿病族,心脏病族或偏头痛族。此外,这也就是极度衰老的定义。此刻,所有精力都用来抵御疾病,维系一口气变得那么困难,每一个日子都是对抗形体崩解赢得的战果。一段生命缓慢而沉默地溃散,逐渐黯淡,最后仅残存几样基本机能:吃、喝、睡、拖延、填补缝隙、修补不完善的管线;曾几何时,时间从我们身上夺去的比给予我们的还多,失去的再也回不来。

于是,当什么事都没发生时,有两种方法可为生活注入一点浪漫:聆听自己的心理状态,或是倾诉生理上的苦恼。其实,弗洛伊德主义发明了潜意识,已为探索自我的技巧灌注了一股新动力。这么一来,借着这心房中缭绕不去的回音,每段生命都有意想不到的深度。评价一下子大量增加:什么也不做光是睡觉,大脑就赐予我们许多梦境,这满载情节的富饶;同样,我们的行为,即使再怎么温和轻微,也带有某种意义；一点无心之误，疏忽闪失，都能把平板无趣的生活变成热闹嘈杂的游行队伍。每个人都可以议论自己，潜入自己的内心底层，从中取得储藏的寓言与谜团，为平凡增添些许点缀。没有人是毫无意义的，人人都是大人物，只是自己还不晓得；他们所挥洒出的丰富心灵堪与米开朗基罗、博尔吉亚(Borgia)或莎士比亚相比拟。

同时，疾病也可以成为一种生活模式，一种将日常时光转换成虚幻故事的方法，甚至转换成侦探小说也行，因为我们的体内藏着一个潜在杀手，也就是死亡。疾病将我们从日常生活的现实中拔除出来，平时机械化的动作受其影响，因而变得戏剧化。生病之后，许多微不足道的小事也会与危险扯上关系，无关紧要的小事很可能是全面失常的预兆(许多重症毫无预警地在我们体内生根蔓延)。疑心病重的人一生的悲喜剧就是如此，疯狂地预想着自己的衰弱，头痛、手臂扭到仿佛宣读了一项死刑；等哪一天真的病倒了，他那些最灰暗的诊断就得到了印证。染上某些病会使人进入高危险的世界。而对那些只在乎严格控制饮食的人，一杯小酒，一小把盐，一小团奶油都相当于一场俄罗斯轮盘(译注：决斗者所用的左轮手枪弹巢中只有一发子弹，而且不知道子弹在弹巢中的位置)。多亏了那些病症，病人才晓得生命矛盾紧凑起来的滋味，就像一条满布陷阱的道路，一个不小心踏空，就得付出昂贵的代价。身体内部没有什么是理所当然的，每个部分都可能退化，每个器官都可以折腾我们，生命试图扼杀生命：这就是我们在衰竭时所意识到的(根据世界卫生组织的统计，人类大约被四万种疾病威胁着，四万个被驱离这个低俗世界的方法，而这还没算进它们之间的相乘效果和并发症)。

侵袭全身的病情每发作一次，就仿佛一次下注，赌的是病情加重还是减缓。对这场赌注中的热爱或许会渐渐减少，但是拉锯的过程中不乏刺激的期待与小小的惊喜。于是我们看到有些疾病缠身的患者宁愿保持现状，而不要被假设性的复原带回平凡之中。如史维渥（Italo Svevo）笔下的季诺，万分庆幸自己无法痊愈，把器官衰退尊崇得有如无上至宝：

> 生病是一种坚定的自信，而我一出生就抱定这种信心。……我承认，糖尿病给我带来了极大的痛苦。……我珍惜自己的病。我常想起那可怜的寇普勒，他宁愿感染真正的病而不希望只是心里有病。我也有同感，对他深表赞同。生病很简单：只要让它牵着走就对了。事实上，有一次我在一本医学书中读到关于糖尿病的描述，进而从中找到了整个生命规划，我说的不是死亡，而是生命。永别了，疗法！永别了，康复计划！从此以后，我再也不用治病了：我解脱了①！

生病状态不仅引发出一个人的性格——古时候，痛苦是人人都要遭受的平常事情，现代的痛苦则是一种与众不同的特质，甚至几乎是一种活下去的理由，病痛还能是叙述的题材，特别是这病痛终被克服时。而若说有些人选择对它采取忽略的态度，其他人则把它当护身符一样招摇，希望激起他人的怜悯，或专横地压制周遭的亲友，或只为了让他人对自

---

① 摘录自史维渥的书《季诺的告白》。

己感兴趣①。在这方面，每个人在三种生活障碍中摇摆不定，这差不多是三种表达上的限制。第一，得了一种不值一提的轻微小病（例如感冒，把你折腾得疲惫不堪，但是根本无法引起任何同情，因为伤风感冒太平常了）。第二，得了一种慢性病，时间拖得太长。第三，得到的病过于可怕，所以惹人讨厌。我们可以希望自己生病，目的在于感受痊愈的美妙喜悦，掠过死亡深渊，脱离险境。驱离病魔后的欣喜时刻重新给你力量，还你一副可使用的身躯；其中最累人的部分在于，让平凡的健康显得神妙非凡，让康复初期显得求之不可得。痊愈的人带着征服者的光环衣锦荣归，生病是现代公民可以津津有味、娓娓道来的一场圣战，如同昔日老兵大谈沙场当年勇。有些人还会捏造出几处可怕伤痕，就像那些人告解时，夸其罪过好显得与众不同。这就是斯宾诺莎所说的，能够歼灭一件令人憎恨的东西，能够侃侃而谈脱离险境后的喜悦。就好像曾身历险境，然后历劫归来，这种经验足以让你跻身贵族之列，赋予你最高的英雄（尤其是地中海域的英雄）荣誉。大家都清楚，我们的社会最常崇拜赞扬的就是死里逃生的人，无论他是出了场车祸，得了癌症，还是从昏睡中苏醒；要是遇上已被科学宣判无救的人，他的重生就更受瞩目了。

　　缠斗也好，投降也好，疾病提供给我们一个故事。有些病把我们挤向社会边缘，有些病以其仪式与传统，将我们推进一个秘密的社会中。无论在哪种情况下，疾病都见证了我们的应变能力；由于无法拥抱不幸，只好调整自己去适应不

---

① 关于拒绝康复的理由，是因为一旦成为病人，可获得的报偿甚高，请参看萨利非安（Edouard Zarifian）所著之《痊愈的力量》（*La Force de guérir*），Odile Jacob 出版，1999。

幸,把我们的脆弱转化成创造经验。即使受了伤,生命仍有可能造就一个天地,能尽情挥洒,表达本身的缺陷。这点微不足道的事,又自成一个浩瀚世界。

滋味无穷的恐怖

"恐惧,"爱伦坡说,"是一种人类确定自己处境安全时喜欢感受的感觉。"平庸在西方社会根深蒂固之后,给我们带来两种前所未有的文学:侦探推理与魔幻怪谈。它们在中古世纪的奇迹时代终止后跃出,在一个没有了仙境、没神祇、习惯于工作与科技的荒寂社会中,这是一股强大的断绝力。这就是为什么恐怖电影和书籍对这世界有着不好的影响,在童话故事中的世界本来是美好的,此后却堕落腐坏。平庸变得骇人,一切事物闪动着神秘的势力和显而易见的威胁。

在此,还是有必要先做出区分:典型的侦探小说叙述的是警力社会突然遭受无秩序的侵袭;而超越其上的黑色小说采用的情节则是完全混乱的世界,在那里,正义和光明已荡然无存。在这方面,美国文化发明了两种全新类型:法律成型前的西部片,以及游走在法律边缘或根本无法律依据可言的推理小说。第一种是文明边境的野蛮人,第二类则是处于都市丛林和社会幕后的破坏狂。

跟侦探小说一样,在魔幻怪谈中,我们感到毛骨悚然,但不会发生有害的后果,没有危险。我们悠然自在地窝在沙发里,津津有味地咀嚼着十恶不赦的罪行,感到安心,重回现实后发现自己身处于熟悉环境的快乐。这种对可憎事情的崇拜最适合懒得出门的拖鞋族。我们愿意怕得发抖,前提是因为知道自己受到庇护:我们屈服于恐怖的舒适,因为这控制得当的恐怖，疏导了平时袭击我们的那些恐怖。为了驯服恐惧而让自己害怕，这就是黑色小说和恐怖电影提供的快感。

这些病态的虚构故事至少有一点是正面的；它们和时下的神话相反，不淡化罪恶和死亡，基于这点我们可以知道，它们有一种趋向宗教的内涵。在太平盛世中，我们需要正视恐怖，需要知道在我们过于宁静的生活帷幕之后正酝酿着什么阴谋。这许多提升日常生活价值的仪式，是为了让我们生存在灾祸交加的世界中。

然而，回到文明世界之后，观众与读者仍被来自银幕上或书页间的恐惧纠缠，而他们也曾试着消除这些恐惧。但这些恐惧跟随他们，逼近他们，暗示恐惧或许在真实的世界中也能把他们吓死。因为，透过艺术来克服恐怖的力量太薄弱了，而诅咒、怪物和杀手都是在光天化日下现身的。所以，一定得再走回电影院那阴暗的放映厅，沉浸在另一出鬼怪剧情之中，在固定时间给自己打一剂惊悚针，如此才能祛除那些在安逸与怠惰的缝隙间大量繁衍的不祥邪魔。

6　真实生命并未缺席

> 我比较相信生命之死,而非死后的生命。
>
> ——格林(André Green)
>
> 如果你已经三十岁,而在自家街口转弯时,突然被一股至福的快感盘据,一股绝对的至福感,你还能做什么呢？你仿佛突然吞下一段午后乍现的金色阳光,它继续在你的胸膛里燃烧,喷放出小小的火花,射入身体的每一寸,直到你每根手指,每根脚趾……
>
> ——曼斯菲尔德(Katherine Mansfield)
>
> 喜悦是人类从不太完美通往比较完美的过程。悲哀则是人类从比较完美走向不太完美的路途。
>
> ——斯宾诺莎

与命运失约

一个男人和一个女人在相遇十年之后,偶然在朋友家重逢。从很年轻的时候开始,这位名唤马歇尔的男人就觉得自己受到机运的青睐,那是"一种惊人强大的可能性,他有预感,而且非常肯定"。这不知何时将出现的东西暗中窥伺他,躲在"日月年岁的皱褶深处,就像一只藏在丛林里的野兽"①。这头野兽随时会向他扑来,而他所该做的就只有做好准备。他请那个年轻女人芭尔翠陪在他身旁,一起等待那伟大一刻的来临。身为中选的幸运儿,他一点也不担心会遭人流淹没,他心底那个秘密让他觉得自己独一无二,与众不同。

　　光阴年复一年地流逝,男人与女人一起老了,他们始终戒备着,等待那一刻的来临。有一天,"亲爱可敬的女友"病倒了。临死之前,她把心底的话告诉男人:"你不需要再等了,那东西已经来了。"在她长眠的墓园里,马歇尔偶遇一位新丧妻不久的年轻鳏夫,他无法解释自己为什么非常嫉妒那人的悲伤,嫉妒"他痛苦中那种盲目的强烈"。"那个人的生命中到底曾拥有过什么?为什么失去了这项东西后会让他受如此重创,却还能活下去?"突然间,马歇尔顿悟到,他等待的那头丛林野兽有着芭尔翠的面孔,但他已经错过了。"爱她,这就是本来应该出现的结局;若曾经爱她,那么他也曾经活过。"去分享她献给他的感情,总之,去感受那侵害蹂躏他的热情,这些本来都可以让他体会存在的滋味。然而,因为封闭在自己的坚持理念中,他的生命中终究"什么也不会来临"。

　　这是亨利·詹姆斯一则极佳的寓言:的确,可能发生的最糟之事,就是让幸福从身边溜走而不自知。是痴等一桩某天可能拯救我们的奇迹,却无视于存在于我们生活中的奇迹。是相信我们的生命虽然目前只是简单的草稿,但不久后

---

① 亨利·詹姆斯,《丛林野兽》(*La bête dans la jungle*),收录于《学生与其他短篇》(*L'Elève et autres nouvelles*),1983。

一定会紧凑起来；奇怪的是，这种对喜悦的一再拖延，与宗教的苦修禁欲十分神似。仿佛在平淡无奇故事的前言之后，必定会接续一个一百八十度的大转变，将人类的悲惨命运永远地驱离。

错失的机会：一个没有说出的字眼，一只没伸出去的手，一个刚要做却又临时退缩的动作；有这么多时刻，只因为害怕、胆怯，我们的命运未能真正扭转。太早了，太迟了：有些人过完了一辈子，生命依旧尚未实现，尚未完成。本来可以这样的，结果没能变成这样，有些人仅满足于做这类假设，而我们人人都可以把被回避的命运写成一篇故事，那些未发生的事迹，就像可能出现的幽灵般阴魂不散。布哈萨伊（Brassai）叙述了普鲁斯特在二十二岁时多么迷恋一个日内瓦法官的儿子，那是一位相貌俊美的年轻男子。在这位男子给普鲁斯特的相片背后所记载的赠言，节录自一位前拉斐尔派的英国画家罗塞蒂（Dante Gabriel Rossetti）："看着我的脸，我的名字叫做可能会发生，也有人叫我不再、太迟、永别了。"[①]因为每一段生命，既已摒弃其他生命，所以都是独一无二的。或者应该说，这生命建立于罪恶之上，罪名是它执行了虚拟，而虚拟却无法发展成长。即使知道每一刻都可以是新的开始，不到最后关头游戏不算结束，但这又有什么用呢？事情已成宿命：发生的事删除了其他可能性。有些人不会再有第二次机会，历史不会再"提供同样的选择"；于是，他们身上将开始欠缺可能。求助或救援之手不再相互伸出，途中总该有转折点吧？然而，道路始终又直又平，令人绝望。

世界上存在着另外一种人生，比现在的更美好，更闪亮！

---

① 贾卡尔在1997年10月24日的《世界报》转述这桩轶事。

在单调家庭中咬着指甲焦躁不耐烦的孩子或青少年,有哪一个在听到这呼唤时不高兴得颤抖呢?没有谁被判永远得活在出生时的环境中,只能待在其社会、父母和配偶的世界中。去预感一则更好的命运,就这么简单,常常便能推倒囚禁我们的围墙。每一次出发与中断的魅力就在于将我们抛入未知中,并在时间交错深处挖掘一道有益的裂痕。在愉悦与真实这两大原则之外,应该还要加上一个外在性原则,它的范畴在于多样性,在于事物的无穷滋味。当其他令人震惊之世界的直觉突然降临我们身上,生命也经由启发而运行,就像佩居榭(Pécuchet)躲在篱笆后暗中观察一个粗俗无比的乡下女孩,却被她嬉戏玩耍所鼓舞。我们应该保留一扇开启的门通向"外面的世界",面向神秘、未开垦之地;并且至少越过这扇门一次,回应来自异乡的呼唤,对某些人来说是沙漠,对有些人而言是东方和非洲,对其他人可能是全新性爱的发现,或一种被压抑的志向。于是,一切都悬止于一次奔逃的张力之下,那次飞跃将把我们从平凡生活和渺小那让人窒息的力量中解放出来。九死一生的光明时刻,领我们到最美好之岸。

就像掷骰子那样,或许我们能重新启动生命,航向新的命运;但却绝不可能为所欲为,任意变换身份,轮流扮演学者、艺术家、太空人,或以为只有"飞上天才碰得到极限"。美国人那种"做得到"的态度,对个人的能力完全不设上限,只要他肯卷起袖子放手去干,这种乐观来自于相信意愿和效率相结合的先锋国家。古时候,人类被迫赎罪自救,现在接续而来的,是世俗社会对可能性的沉醉,而这之间的幅度令人晕眩。希望选择所有道路的人,最后很可能一条也抓不到;既要走出自己,又得相信自己不须做出抉择,也就是说,避开那个压缩我们、抑制我们自由的框架。

这或许就是吊诡所在:想追求美好生活必须听从两道相互矛盾的命令。尽情享受已来临之事,但同时也要留心别处有什么事发生。近视眼的智慧:沉浸在当下,对眼前的情况心满意足;而老花眼则是形成各种计划朝远方投射,对现况毫不满足。一边是及时行乐的哲学,邀我们将每一天看成最后一天;另一边则对更完美抱持希望,拒绝强加在身上的幸福(来自家庭或社会秩序),理由是想追求自己所渴望的幸福。将我们紧压到只剩自己的收缩力,抑或是让我们膨胀得跟宇宙一样大(这曾经是卢梭与狄德罗相对立的论点),从容自在抑或是担忧紧张,自食其力抑或是飘然陶醉,我们很难避得开这项抉择。

正因逃避不了,所以有可能的两种状态:首先是一种沉重高压的可能性,高高在上,吞噬现实,并把我们所感受到的一切都变得悲惨不堪(这就是亨利·詹姆斯小说中主角所遭遇的不幸)。另一种则是丰饶的可能性,把人身上即将产生的状态的全部加以实现。踏进石棺的可能性或是结成蝶蛹的可能性:第一种的范围太宽广辽阔了,以至于我心念才起,就裹足不前,知难而退。另一种则迎向一段比较丰富的时光,既是终止也是继续,囊括"想象起来甜蜜的事情",类似康德对乌托邦的描述。在第一种状况下,承受不住无限,生命屈服投降;在第二种情况中,生命释放出所有潜在内涵,就像太阳唤醒所有色彩,并且加以更新。

欲望毒药

与公认的乐观态度作对时,最令人无法忍受的就是,在自己过得不好的时候,看待别人之幸福的目光。眼睁睁看着这些人张扬炫耀,几百倍的赏赐从天而降:财富、健康、爱情;他们端起架子,耀武扬威得那么露骨,毫不遮掩,可恨之至!为了这个因素,每天定时收看电视新闻,凝视来自世界各地的种种惨事可以产生一种安抚的效果,我们并不是特别喜欢对别人幸灾乐祸,可是这能让我们觉得比较不孤单,甚至觉得自己运气不错,因为"知道自己避开了些什么凶险是件美妙的事"。而且,比上不足比下有余,我们需要别人的灾难来帮忙承受自己的灾难,而且认定总是有比自己更惨的,我们的环境还不算太残酷。一般而言,不甘苦闷在我的歹命和别人的好命之间的对照下产生,并且引发出一连串不满。"人穷,在巴黎则意味着穷上加穷。"左拉如是说,由此可知靠拢钱财是多么令人疯狂。而我们可以透过以下三种角度——轻视、小心眼、毁谤中伤——来对法国文学界和知识分子做个分析。有多少补偿不尽的恨意,多少闹翻天的争吵,一开始都是被尖酸刻薄和妒忌所激起,之后才披上政治和哲学的破旧羊皮?

　　由于我们的民主社会讲求平等,所以容易生妒,而且鼓励对别人的任何特权表示愤怒(尤其是那让人忍无可忍的特权:运气)。嫉妒的层面可以涉及健康的气色,身体上某一个小环节、某种汽车名牌、恋爱对象,甚至可以嫉妒他人的悲惨、病痛,只要觉得那比我们平淡乏味的环境精采就行。此外,不应该整天谈论自己的财富来困扰周遭的人,不该炫耀自己的成功来践踏别人;这样细微巧妙的斟酌,最后逼得我们闭紧嘴巴不敢说好消息,衣着要穿得朴素,要装成愁眉苦脸,总之,将低调的态度转变为区分彼此的手段。同时,对比自己处境优裕的人,必须装出嗤之以鼻的样子,以防遭妒怨噬伤。

　　这种感受还有一个更深的出处:人们愈是硬把幸福当成

全人类所追求的最终目的，幸福就愈空洞。它所传达的讯息笼统模糊，这正是其力量所在，却也构成它的厄运：因此，我们可以发自内心地抱怨所有对这种谜样的善美投下过度心力的人，而且这些人如果没能及时达到幸福的话，就觉得心灰意懒，失望透顶（但是，幸福虽然跟找寻它的人捉迷藏，却也丝毫没有比较宠爱逃避它的人）。从来没有人能确定自己真的幸福；而扪心问自己是否幸福，这个举动就已经把答案破坏得一塌糊涂。同理，对于加尔文派教徒而言，根本没有可靠的标准能衡量他将被选中或是将被诅咒；我们从内心的坚信中只能采撷到满足感。然而，那种坚信在一旦有别人出现，便能在一分钟内瓦解：我一直以为自己是最幸运的人，结果，怎么才换了个话题，人家就告诉我有一个朋友的假期比我还刺激得多，爱情生活比我多采多姿，事业远景比我有前途。结论：我只不过是头拖着平庸命运的可怜老牛。

　　总之，贪婪的竞争将使我们永远沉沦于漩涡中。不论我们的地位有多高，也无法免去对更高位者的憎恨。人们不让自己过得好，是因为别处人家过得更好。从这时起，我们把自己的幸福变成一种身份地位，我们四处张扬自己美满的地方，别人也招摇他们的高贵之处。幸不幸福已经无关紧要，重要的是让别人不幸福，是知道怎么去打压他们。这时该引述拉辛（Racine）那句名言："如此平凡的幸福对我而言丝毫不甜美。若引不起他人的忌妒，那就不叫幸福。"不过，我们虽然判定他人看起来要更开怀或更沮丧，但这种可悲的胜利会带来所有它不希望出现的恼恨。抗争是永无止境的，而且在各种短暂的细枝末节上竞争，没有什么能平息日夜腐化我们本性的虚荣心，而这将转化为折磨人的忧虑。

　　该如何走出这将我们从兴奋赶入沮丧的恶性循环呢？

当然,我们已经错过最好的时机,因为我们曾顽劣地以为那不是个好时机,而且相信只有少数幸运者才能获得打开机会的钥匙。其实,只要我们能满足于现状,事情就可以简单得多。那些幸福宣言之所以会如此呆板,原因就在于每一篇都传达着相同且唯一的讯息:对你的命运要知足,降低欲望,梦想你已经拥有的东西,这样你一定会得到你想要的。在这则既卑屈又乏味的道理上,各家心灵大师、讨论情感的书刊和公认的慰藉人物全聚集一堂。乞求痛苦的暂缓能持续永远,多么可悲的梦想!然而,若说寻求被认可的至福的小径可能使人迷失,而拥抱事业、婚姻、家庭,坚信这样的生活将为我们带来期待已久的狂喜,连这些都存在着一定的风险的话,我们就会因为不知道他人的状况,或是过于小看他们,而错过了许多世界上最美好的事物。所谓的他人不仅仅是个强敌、审查者、裁决者,也是剧场里为演员小声提词的人。他暗示我们,"小声提醒"我们千百种改变生活、开辟新道路的方式。于是,突然恶毒发作的妒忌心可以被彻底转换成竞争心、好奇心;他人也摇身变成欲望的导师,而不再是容他不下的阻碍。世界上有其他通往喜悦的路,有别种高兴的形式。同样的道理,一件艺术杰作替我们揭开新的生活面貌,并透过这种方式使我们的生命更美好。在我们四周有诱人的恶魔,有阳光般灿烂的人,他们全都邀请我们滑入与现在不同的命运之中。是他们表达出前所未有的生活艺术,将幸福拉出了标准定义,并投引到新的轨道上。有时候,放任自己听从他们,跟随他们,像被吹魔笛的人吸引的小孩一样,这倒也不坏,因为他们在我们身上点滴注入了"新型罪恶"。因食古不化而与自己的时代及时代中最疯狂最有创意的发明擦身而过,再也没有比这更可悲的事了。两条死胡同:像变色龙般被所有可靠的幸福景象突然攫获,或继续把自己封闭起来,重复咀嚼微不足道的人生,像嚼之无味的口香糖。欢乐有一种感染力,一种难以抗拒的磁性。除了贪婪地在不幸周围盘旋,带着郁闷心情之外,我们还可以选择热情又懂得享受生活的人作伴,只要有他们在,就能带来伟大和快乐。

最高点的奥秘

英国的《泰晤士报》在1998年底,刊登了一则悲哀且发人深省的故事。有一位名叫帕克的英国公民,在1993年时决定每天都要过圣诞节。不论夏冬,他没有一次违反规则。每天晚上,他把三个礼物放在装饰花环的圣诞树下的鞋子里,隔天早上再惊喜地打开。每天都要过圣诞节,到后来却变得愈来愈沉重:一晚又一晚的火鸡、雪莉酒、巧克力、布丁……,预算日渐见底,而且菜单过于丰富,又显得一成不变。每天的庆典仪式沦为恶梦。"我需要帮助,"帕克说,"我喜欢每一天过圣诞节,但我知道这样下去会有危险。"[①]

废除一成不变的日常生活!谁没有轻抚过这个美梦呢?这个乌托邦最极端的形态出现于二十世纪的极权国家中。利用社会运动和激进侵略的神秘性,他们成功地摧毁了"现状"。到目前为止,人们尚未找到更好的方法来治疗生命中可怕的平凡,只能将它埋没在战争的恐怖之中。不需要走这种极端,其实,拒绝和"所有生命在俗世中的短暂环境"妥协,就能激发一股强烈的可怕力量,渴望冲破藩篱,逃离平庸。巴尔扎克已经大大赞扬过那些人,他们的生命正是一连串行

---

① 引述自《世界报》,1998年12月16日。

动的诗歌,他们"制造小说,而不编写小说"。在《十三的故事》(*Histoire des Treize*)中,巴尔扎克叙述各种英勇事迹,主人公个个不同凡响,是拿破仑帝国的幸存者,他们全都崇尚精力,厌恶刻板生活,迷恋欢乐。是否该屈服于这唯一的下策?在过度与猜忌之间,我们难道没有其他的选择了吗?

六〇年代的伟大乌托邦,我们已经看到了,是制定永远的享乐,建立永恒幸福的王国。在那个时代,这意味着将每天紊乱流逝的时光凝聚成一刻,精妙狂热的一刻,将日常生活投入沸汤中激烈冒泡的一刻。令人惊叹又可怕的乌托邦,主要的掌旗人是"境遇主义者"。但是,这些反抗乏味无趣的人,一方面对我们反复说"人类二十四小时全天候都在创造",一方面在享乐的层面上采用效能观点,也就是工业系统中的产能。无论在享乐上或在工业上,讲求效能就必须将一切最大化,奉利润为至高指令。快感和生产都一样,容不下一点停歇。结果也一样,支持紧凑忙碌的人,对这种不完美的生活流露憎恶,就跟以前的基督徒对人世的不满如出一辙。对他们而言,就与对博絮埃来说一样,平凡的生活就是最严重的错误,而且根本是十恶不赦。对人类一定要加以谴责,让他们为只能成为现在的自己感到羞愧。极左派和极右派收回了对中产阶级社会的抨击,那只不过是原罪的概念:生命过得一成不变基本上就是有罪的,而凡是认同这个事实的人则犯下了滔天大罪(境遇主义者对证明和检验毫不在乎,他们所做出的痉挛性预测,只造就出一些漂亮辞令和耸动简洁的讽刺,另外还有数不尽的愚蠢说教格言。而一位境遇主义者德伯尔[Guy Debord]以前常毫无分寸地引用这类蠢话,现在已经永享至福地被供奉在蜡像馆里)。

高度紧凑被奉为绝对,于是变得异常顽强,终于成为对生活的污蔑。若说享乐是唯一现实，就又与其他事物的次序混为一谈，所以就不算是快乐了（以另一个层次来说，就像娼妓将最令人神魂颠倒的行为——肉体的紧密结合——当成机械化的商业行为）。这么一刻来临了，这些字眼："热情"、"欲望"、"享受"、"决心获得至高无上的生活"，全被机械式地使用，成为哗众取宠的八股官腔，陈年老调：有享乐的神父，就跟有享乐市场或享乐革命一样；而神父的讲道也一样颠三倒四。不过，生活中一定要有毫无意义的日子，必须尽全力保障生命密度之不平等，哪怕只为了从中得到对比的乐趣。激奋之情的爆发多半建立在微小的期待和忧虑上，激情照亮它们，因而与之有别。一个到目前为止不好不坏的平凡日子，可以因为一些小喜悦而着上特别的色彩，相对照辉映。可能有些日子会让我们走出时间，对永恒确信不疑；但是，人们不懂得借它们的力量来开创一个完美的时期；因而从美妙的巅峰时刻，不由自主地又掉回世俗阶段，而且因曾窥得至福而觉得更室闷。人们没有彻底除去一成不变的生活，有时候逃避它，有时候填满它。真实的人生不曾缺席，只是间间断断，像阴霾中的一抹蓝天，让我们时刻在心中怀念不已。或者应该说，所谓唯一而真确的"真实人生"并不存在，存在的是许多可能出现的有趣人生，而这才是好消息。

　　超现实主义高贵之处，也在于提升了"令人赞叹的日常生活"[1]的地位，邀我们革新视角，以新目光去看四周环境。

---

[1] "我能一直保有这种日常生活令人赞叹的感觉吗？我眼睁睁地看着它在每个人身上消失。这些人在自己的人生道路上前行，仿佛走在一条铺得愈来愈整齐的路上，愈来愈轻松地走入世界的常理中；他们渐渐消除了对荒诞奇特的品味和接受力。这是我无论如何无法体会的事。"（阿拉贡[Louis Aragon]，《巴黎乡下人》[*Le Paysan de Paris*]）。

诗词并不隐藏在天空的云中,也不在虚幻的未来,它就在我们人人即刻能抵达的地方。比如说,我们可以透过分散与顿挫组成的自发性书写,让人听见语言中前所未闻的音响;也可以去美化我们认为是一成不变的东西,如:日常用品、海报、招牌,以及我们机械化扫视过的一切。我们盲目地探索这个世界,已不知该如何辨别隐含其中的财富。在平凡的面目下,要能区分得出令人惊异的美。无聊的从来就不是现实世界,而是我看待它的目光,这才是我应该消毒洗去的污垢杂质。

现代艺术本身不也是一种"平凡中的蜕变"[1]手段吗?一方面,它以最卑贱的物品和材料,拆下了古典作品的神圣光环,不管是绘画或雕刻;另一方面,它又把这些粗俗的物质从相关环境中抽离,放置在毫不相干的场所,把随便一件生活消耗品提升到堪称艺术品的境地,它们因而变得微妙,比如说,杜尚(Duchamp)的小便池[2]。一方面是破坏的工作,另一方面又大力推行:当代美学中,有一大部分由这种相反矛盾所构成。高贵和华丽没落,丑陋与废物兴起。让艺术家来告诉我们:所谓平凡的生活一点也不平凡;带我们体验他们的奇异世界。所谓的美学革命,首先是一种揭示,让世界重回青春,为世界开启前所未有的视野。普通的东西总是一种看

---

[1] 丹托(Arthur Danto),《平凡中蜕变》(*La Transfiguration du banal*),Seuil 出版,1989。
[2] 讽刺的是,其他艺术家也可以再次扭转这种惊世骇俗的作风。比方说,1917年,法国尼姆那座由杜尚创造的、形状倒过来的尿桶喷水池,皮诺谢力(Pierre Pinoncelli)却在 1993 年在里面小便,并且用铁锤敲打。皮诺谢力是法国街头即兴创作的发起人,因这次行为而被控告。他的解释是,他与杜尚不同,他想把一件艺术品转变为日常用品,并认为这种作法堪与艺术表现相抗衡。

不见的例外，正如例外只不过是被发掘出来的普通东西。换句话说，日常生活可以改头换面，如果我们每个人在其岗位上，都变成制作奇迹的人、创造亚当的人、"消灭积习的神圣杀手"（毕侯[Pierre-Albert Birot]）。

小小园丁或激进分子

然而，生命绝不会萎缩到只剩下高潮与平淡的交替，在这两者之间，一定还存在着一系列的微小甘美，在我们描述它们时，很难不带着点轻视。特别是比幸福还重要的单纯活着之喜悦，因为在这个俗世中有一段短暂无意义的经历而得到的喜悦[①]。人们可以对小小的快乐和其他几口啤酒的滋味嗤之以鼻（译注：此处作者隐喻德雷[Philippe Delerm]的畅销书《第一口啤酒的滋味》），觉得那太平民化了，太小家子气了。但无论如何，这第二口、第三口啤酒的滋味囊括了大多数事实，并让无名小卒神化为世纪大英雄。基于这项特点，它们打破了两项禁忌：其一，悲惨主义与平民的密切关系（这些平民不是受害者就是反抗者，绝对不会是幸福快乐的人）；其二是荒谬，因为这些微不足道的快乐已经错属于大众，既没创意也不独特。那些"无名小卒"的幸福是，从事钓鱼、野营、干些小活、家政、园艺（而如大家所知，园艺盛行欧洲之时，正值人们不再相信人间天堂之际），这样简陋的幸福，人

[①] 把喜悦当成对生存毫无条件的赞同，对所有一切的绝对同意，热爱命运（尼采语），要接受这样的定义实在很困难。从赞成到放弃，其实只在一线之间，而这种提议像极了最落伍最笃信宗教者的布道辞。只有好恶之分，执意不肯接受事物的现有面貌时，才没有活着之喜悦。说"好"的权利只有在说"不"的权利具有相等效力时才会生效。

们一拂袖便可扫清殆尽,大可嘲讽以对,一辈子证明这种幸福根本不存在,只是幻觉。

所有的政治思潮都认为,所谓人民的幸福,就是下人以当奴才沾沾自喜的那种幸福感,跟公猪在泥浆里打滚享受的丑态没有分别。既然人民这么粗俗,他们的野心也应该显得很渺小,其消遣一定无聊可笑,其梦想必然充满坏心眼。品级区分以及象征性掌控等精妙的策略属于有权有势的人;辛苦模仿和一再重复的悲惨则归属于卑贱之人。在此,目的并不在于透过教育培养出可当政治家的人民。不,应该要依他们的生活模式给他们上课,明白宣告他们:他们的品味是悲哀的,思想是落伍的,恐惧是绝望的。而某些前卫的左派分子针对短视保守的小资产阶级、乡下土包子和那些生活在非洲、家境清寒的白人的批评,本来可以更具公信力的,如果他们能领悟到:原来他们也属于被自己败坏信誉的那一群。

受到瞩目的并非形形色色的人民,而是激进的民众。这也正是人们意图强制使用在平民阶级上的古老传说,不管人民是否愿意。一旦民众违背这项使命,不走战士或哀求者这两种标准路线,另行变造行程;一旦他们放纵自己有一丁点喜悦,马上就会遭到诅咒,被打入历史叛徒之列。"人民不知道自己不幸福,我们将告诉他们,"拉萨勒(Lassalle)说,"你们自以为自由,其实都是奴隶!"这位革命人士对那些因一点点平凡小事就沾沾自喜的人发出愤慨怒吼。就像罗莎·卢森堡,她每天起床后都很讶异为什么无产阶级还不拿起武器推翻资本主义社会。纠正错误的改造分子想让人们为自己的容易知足感到羞耻,对自己步步为营地度日而不设法留名青史感到惭愧。在这群改造派中,总找得出一些知识分子和政治人物来提升我们的超市、郊区,和万恶之首的丑陋平凡。

这正是修正主义所做的努力，尤其是那些极左派，通常他们所做的是将纳粹主义平庸化，借此将资本放任的平庸纳粹化。

日历的囚犯

为什么要上学？康德说，首要之务是学习安静和准时。对日子与时间善加运用，这就是最先灌输在我们金发或棕发小脑袋中的事。这种对规律的调适能力从孩提时代就开始根植在我们心中，永远不再离去。我们以前好动任性，以后将变得乖巧勤学。

这种对时间的分割也确实显示出什么能让我们掌控时光，编排日月，结束它们的散乱，盖上封印。分割时间给人一种非常特殊的乐趣，把空虚转化成实满。因为，填满每一个小时是很困难的：在别无他法的时候，我们可以一分钟一分钟地订定计划。"为了制订这个冬季的时间计划表，几乎连续花去我八个小时。"光说不做的爱米尔如此写道。预定生活是为了要放弃过这段生活的权利，好诡异的计划。事前预测已将行动整个掏尽：禁不起想象未来的诱惑，喜欢轻抚想象却不去实现。人们将日月星期囚禁在某张行程表坚硬的盔甲中，借以安慰自己至少在那里面还有个地位，在那里在那时还有人在等着自己。

就在计划表——我们的新法典——的阻挠下，反常事件接踵而来。有人总是提前也有人永远迟到：两种破坏规则的方式，一种用的是粉碎庄严的精准，另一种则是接近粗鲁的放肆随便（尤其是在一分钟好比一世纪的男女约会时）。有些人看似悠闲，却整天盯着表看，好像有重大任务等着他去做。也别忘了那些退休人士,天刚亮就醒来,然后四处无事闲荡,始终改不掉对劳动生活的反射习惯。还有某些游手好闲的人,摆出忙得不得了的姿态,一定要神经质地翻遍整个记事本,才能勉强挤出十五分钟留给你订约。

请勿将精密研发时间表简单地解读成一种执着的形态。在严谨分配时间的这项行为中,隐含着产生戏剧性变化的希望:仿佛人们在防范偶然意外的同时,又期盼着它们会发生,梦想它们能把这段排得密密麻麻的时间炸散。野战游击部队随便在旷野里一块土地上漆上白线充当临时机场,而我们也差不多,谨慎地分割日夜时光,就等着出现绝对的惊喜。这种煞有其事的行事带有强制性,养成两项互相矛盾的图谋:病态地憎恨自发性行为,却又渴望一个有益的世界末日,一下子就能扫空我们的苦恼。人们可以望着月历做梦,也可以对钟表的运转作各种想象:它们都像监牢的铁栏杆,但却也是逃亡的出口。

神妙的无理性

因此,没有救赎能不在平庸之中达成,或者应该这么说,平庸既抑止救赎,又是救赎成功的可能性(同时它又驱除永久救赎之希望)。梦想平庸消失,就好比去酝酿一幕色彩强烈的警探片奇景,想借着激励驯服瘦弱的岁月光阴,从中获得最高度的刺激。这么说的话,老年人享乐的圈子逐渐缩小,然而,即使愈来愈少,却也还继续享有各种满足。是否应该把老人的生活与零画上等号呢?要从日常生活的平凡中自拔,靠的不仅仅是意志力或鼓励,而"最甜美的状态中也含有许多抑郁的缝隙",正如十八世纪的《百科全书》所言。超现实主义派本意在重新让世界活泼快乐,境遇主义者想将平凡生活提升到最高峰。然而,诚如"生命不留白,享乐不受限"这口号的用途已被转移到商业及二十四小时不间断又无远弗届的新闻上;平庸的超现实变化,一旦止于往脸上贴金来迷惑我们,或仅仅一味地美化事实,便经常脱线走样,沦为江湖艺人的魔术戏法。要在陋室的瓦砾堆中突然筑起一座宫殿,只有眼中泛出一点光芒和花样百出的浮夸是不够的(等着我们去探究的是,为什么这两种为生活起义的反抗运动——前者还比较有天分有派头——都瞬间因为兑现问题、受到抨击斥责,以及被逐出教会而黯然失色,就像古时候在人身上传染的鼠疫,对要消除它的人施加报复)。

尽管出征战士慷慨激昂,但是,对抗无聊的革命并不存在,存在的只是逃避、绕道而行的策略,而专横的阴霾依然顽强抵抗。因为无聊阴霾有它的优点:它让我们沮丧灰心,但也迫使我们去寻求对策,使我们挖掘出许多当时意想不到的资源。在迷迷糊糊的情况下,它偶尔也为激烈的转变作准备。没有无聊,没了这时间的慵懒,让所有事物失去滋味,谁还会去翻开一本书,谁还会离开他的家乡?一个持续娱乐消遣、日日夜夜侵蚀破坏我们任何欲望的社会,才真正需要被质疑。

米撒依(Robert Misrahi)说:"幸福快乐的生活隐含了一种结合了满足与意义的优质经验,也就是说,被自己认同的自我存在的密度,和某种确实被期望且实现之定义的合理性。"[①]而我们觉得恰恰相反,所谓幸福时刻,应该是一段不受理性暴政左右的时光,是时间的停顿,是烦忧暂时的蒸发。

---

① 参看米撒依的《幸福》(*Le Bonheur*),Hatier 出版,1997,第 22 页。

这并不表示幸福就是高兴,开怀大笑,或将喜欢的人紧紧拥在怀里,但这些都会让人感到舒服。为什么幸福就一定需要理性,为什么跛脚的人非要拐杖不可?幸福对大家开了个绝妙的玩笑,让我们没来由地心满意足,锣鼓喧天般地开怀大笑,或偷偷摸摸地在日子缝间钻进溜出,然后销声匿迹。其实,最大的幸福或许具有高度的专横性,不符任何期待,任何计划,就像是从天上掉下来的恩赐,凝止时间的流逝,让我们惊慌失措、雀跃、狂喜(而我们也可以重访卑微的过去,在那里找到许多当时不自知的快乐时光)。

如果幸福真的像别人反复教导我们的,是最最珍贵的愿望;如果人们能够下一道旨意强迫得到幸福,或撒网捕捉它,那么,为什么这么多人在即将得到幸福时又想尽办法摧残它,践踏它,仿佛预知拥有幸福这样的胜利还不如失败来的好?这些人似乎怀疑,没有一个地方比天堂更像地狱,而天堂能加以窥探,却永远到达不了(吸毒者最清楚这一点,嗑药后那一瞬间绝对的快感,很快就变成痛不欲生的饥渴)。如果一夜醒来,我们所有的心愿都奇迹似地实现了,那么,我们将只能从此日渐凋零;所以,各种宗教所保证的不朽,其实是在保证一种让人糊涂愚昧的永恒。

全心全意地为幸福而活,这等于是只为了几段时光而活,然后把其他时间全丢弃不顾。这也就是说,不幸就在幸福结束后开始。然而,生命的绝大部分都不按照这种循环,而是在两者之间蹒跚进展,其中充满各种小烦恼、挂念、小快乐、期待、计划。于是,我们非得诅咒平庸不可,但还是得接受它;因为平庸是使我们迷失的深渊,却也带来光亮的阴霾。它指向被它所隐藏的美好,这含有开展或消散两种意味。平庸无法被定论。

节庆的两种世界

传统而言,宗教或世俗性的节庆象征着那些迷醉时刻,那时,社会阶层颠倒,进入脱序混乱,借此加强彼此间的关系,再造光阴。我们所处的个人时代对这种事先安排好的喜乐难以接受,认为根本没有必要规定良辰吉日来表达游玩的本能。"即兴"这个字眼是金科玉律,每个人都应该自己找乐子,点燃生命隐藏在乖巧表面下的狂热之火。但是,想让自己高兴,仅抛弃既定娱乐是不够的。

就拿夜生活的去处来说吧!那些"声色场所"就像以往的绿灯户一样,在平常岁月中形成一个刺激的圈子,这个圈子中的规矩、仪式、气味相投的伙伴,开启了一个颠倒的世界。然而,那些场所也是极为歇斯底里的地方,那里的笑声和欢乐总好像有点勉强,并常常以嘈杂的噪音、拥挤的人群和弥漫的香烟释放出机械式的节庆感。流连欢场庆宴中的人对难以估算之事是个中高手,是营造繁茂热闹的谋略家。

不过,若是把这种人造雪崩拿来跟"欢喜就好"的真正节庆对比,那可就错了。在那群饮酒跳舞大吃大喝的人身上,盘旋着一股失败和冷漠的威胁,仿佛神明已经离弃现场。这种聚会的成功全赖一种神秘的化学炼丹术。在整个欢乐的人群中,散布着一股难以抵抗的传染性,只有在它身上才能提炼出根源。然而,当融合作用未能进行,或许对话变得无趣,或许所有的必要元素,如音乐、酒精、毒品、性交等等,无法促成神奇的沉淀,那么,庆典上的福惠将逆转成哀愁。

节庆的意识形态与工作的义理正好对称——工作之余别忘了玩耍,于是人们甚至把别人过的节日也引到自己的国家来过，比如说万圣节；除此之外，神奇的自发本能不一定能比严谨的组织安排提供更多欢乐。这永远是个吊诡：一旦节庆成为庆祝本身的借口，对人们预期的兴奋置之不理，那么，欢庆的感觉反而不容易出现。火花不肯点燃跳跃，于是一股臭灰味破坏了最华美的盛宴。这是晚上睡觉的人对夜猫子的报复。我们不能主宰自己的娱乐休闲，想激发它得按规矩来，首先必须模拟喜悦，这样才能感受喜悦。有一种自发本能的游乐设施，好玩的程度与嘉年华会和传统节日那样刻板的庆典差不多。狂热不是随叫随来的，有时候甚至会给我们来个出其不意，该它现身时反而临阵脱逃。

第三部
中产阶级或舒适安逸的卑劣

7　富裕庸俗的中产阶级

我把思想低俗的人都称为中产阶级。

——福楼拜

我们努力奋斗不是为了使人民幸福,而是为了强迫他们接受某种命运。

——沙罗门(Ernst von Salomon)

不做僧侣就当兵!

1995年,在法国的科尔马,两个年轻人对该市一家高级餐厅投掷汽油弹。餐厅老板在火灾中丧生。这两个男孩出身良好,几年后被捕,他们解释其作为是出自于打击中产阶级象征的意愿。

中产阶级!无论等级,这两个世纪以来,他们一直是最被憎恨诋毁的对象,是一种耻辱丑态的抽象典型,背离了本来面目,只为了进入被诅咒的神殿。整个反中产阶级的传奇不是别的,其实就是一篇漫长的咒骂演变史;从旧王朝体制的商人说起,他们像猴子似的模仿贵族,装扮和跳舞的模样都滑稽古怪;一直到十九、二十世纪的资本家,他们靠着人民的劳苦吃得脑满肠肥。中产阶级遭贵族唾弃,因为平庸缺乏诗意;他们被工人阶级嫌恶,因为贪得无厌;连艺术家也瞧不起他们只知道斤斤计较和讲求实用的生活。中产阶级差不多被贬到不能再低的地步了。小气鬼、吸血鬼、暴发户,在众多负面批判中,应该还要再加上一点:刽子手;既然大家都知道,从汉娜・阿伦特(Hanna Arendt)开始,就是这些极端正常的个体,摇身变成了纳粹灭种机器的操作者①。曾被佩吉(Peguy)封为二十世纪最后的大冒险家的好父亲,从此以后,变成掌握权力的怪物,什么下流事都做得出来,只要能够保障他自身的生活费用和一份寿险。

从尼采和浪漫主义以来,中产阶级至少要面对来自各方的三项不满:平庸,低俗,贪婪,这是中产阶级宇宙中的三星团。麦斯特(Joseph de Maistre)高喊:"不做僧侣就当兵!"这句话一语道尽燃起几种基本热情的旧王朝有多么伟大。然而,正当战士和圣人这两种身份失势时,中产阶级趁机兴起,沉湎于甘甜的商业之中。而启蒙时代的先哲曾派给他们两项任务:驱除暴力之魔,有技巧地疏导暴力的冲动。当时英法两国的哲学家都认为,最适合社会、最祥和的满足感,就是利益;它让社会和谐,使生命步上轨道。它将所有欲望全部引导到一个目标上:获利之诱饵;它舍去非理性的行为,取而代之的是计算时的谨慎,东西到手的兴味,拥有的本能。协商者结合美德和嗜好,成为现代的真正典范:"商业矫正了那些具毁灭性的偏见。现在几乎已成为常规:风俗平和之处一

---

① 史坦纳(George Steiner)在其杰作《蓝胡子的城堡》(*Le Château de Barbe-Bleue*)中,对汉娜・阿伦特的假设做了深入探讨。

定有商业,而有商业的地方,民风一定平和。"孟德斯鸠如此写道,并对因选择了极端而受苦的隐士及出征者加以挞伐。

然而,在马克思主义者和社会主义者揭发中产阶级对无产阶级的无耻压榨之前,浪漫主义派已经认为,这种祥和平静是人类可怕的退缩封闭。中产阶级思想将欲望贬缩到心胸狭窄的地步,眼里只看到物质上的丰足。也许生活是比较宁静了,但是,天呀! 生活也变得好小! 特别是对那些曾经历过君王朝代和拿破仑叱吒风云盛世的人而言。"没有在王朝体制下活过的人,不会晓得什么叫生命的甜美。"塔列朗(Talleyrand,译注:原为拿破仑的外交大臣)这句名言证实了,有许多人觉得,进入十九世纪好比开始一次堕落,再一次被逐出伊甸园。启蒙时代的哲学家们所承诺的人间天堂变成了土得不能再土的低级天堂。新兴权贵和商人所承诺的是一种没有光泽的幸福;除了商店和钱币,其他地方都找不到救赎。再也没有极端,没有突出点:人类大约只能沉醉在这两样东西上,徒有一种乌合之众的焦躁无聊。与一切放纵逾越为敌,小资产阶级——就某种角度来说,他们不只是小,而且是加倍的小——是最乏味无趣的家伙,甚至连发生在他们身上的悲剧都不光彩,还散发出一种蔬菜牛肉汤的怪臭味。

这个新阶级犯了什么罪过? 他们重新创造命运,然而法国大革命已承诺过,命运是平等、自由且机动的。就大众来说,他们借由社会的不平等重建了一个秩序社会;就个体而言,他们塑造出一种谦卑顺从、从任何角度看来都一模一样的人类典型。中产阶级与贵族不同,他们虽然顶着进步分子的头衔,看起来却是最认命的阶层。他们造就出一种前所未见的人种:标准化、成批制造、被指定做相同工作的新团体,拥有相同的欲望，用同一种方式思考。果戈里（Gogol）认为在他那个时代的俄国中，这种人愈来愈多，而为了描述这一大群没特色的人，他发明了"微不足道"这个绝妙字眼，说我们可以把这些人"形容成脏灰色，因为他们的服装、脸色、头发、眼睛，处处流露出这种混浊、灰暗，就像那些不稳定的天气，雷雨下不来，太阳也出不来，所有东西的轮廓都晕散在雾气之中"①。这种同类型的大量生产，使人类成为一种驯服的物种，每个人都是另一个人的翻版，像一头家畜，已放弃一切热情冲劲，只图自身安全和平庸的幸福。

福楼拜、左拉和契诃夫的作品中引人之处，就在于他们所呈现的个体看似自由，其实却被各种强大阻力牵制，如宿命、承继、家庭、血统、金钱、责任。在一个强调进步乐观的时代，这些作家却诉说着不祥之鸟的故事：无论贫穷或富有，酒鬼或圣人，他们笔下人物都带着导致粉碎的裂痕。这些角色即使再怎么顽强，再怎么坚决，终有一天也会被共同的戒律所擒，被无情地惩罚，因为他们曾试图脱离秩序②。比方说，契诃夫的天分在于，略带残酷地，将一些热烈、反抗的灵魂呈现在我们眼前。这些人通常是女性，她们希望拥有荣华美貌，这些梦想却因生命中突发的某种偶然而被粉碎。请阅读契诃夫的剧作或小说。在他的作品中，重要的不是发生了什么，而是没发生什么："不去爱，不结婚，不肯出发"③。封闭在

---

① 参阅果戈里的《狂人日记》（*Journal d'un fou*）中，尼瓦（George Nivat）的序言，Gallimard 出版，第 20—21 页。
② 参阅波里（Jean Borie）对左拉的作品《本堂神父》（*La Curée*）所写的序言，以及德勒兹（Gilles Deleuze）所著的《意义的逻辑》（*Logique du sens*）中的〈左拉与裂痕〉。
③ 楚贝兹寇（Wladimir Troubetzkoi）为契诃夫的作品《未婚妻》（*La Fiancée*）所作之序，Garnier-Flammarion 出版，第 21 页。

小镇里的三姊妹,永远也不会去莫斯科展开一种比较宽广的命运;未婚妻嘶喊:"我要享受生活……我还年轻,而你们却害我变成一个老女人!"她辞别亲人,充满活力,确定要永远离开从小出生长大的小镇。"她是这么认为。"作者补上这么一句,暗示那只是个假象的出走。契诃夫笔下的主角是个已经站立起来,正要迈向自由的个体,但结果总是失足绊倒,一蹶不振。反抗者注定将像其他人一样被辗平。当萨特把中产阶级喻为生存的被动甚或黏滞;当尼赞(Paul Nizan)将这个阶层描述为"错失生命的一群",全体"深受死亡折磨而痛苦";他们想表达的大概正是这一点。

战争,为什么不?那应该很好玩!

针对这种思想和行为上的普遍屈服,十九、二十世纪将予以回击。那时人们想象会发生一次轰动一时的大灾难、一次革命或严重冲突,而过于单调的时光将因此而中止。"宁遭蛮族破坏也不要无聊!"戈蒂耶(Théophile Gautier)1850年发出这声呐喊,照亮了整个充满妒恨和嫌恶的时代。既然在中产阶级灰暗的天空下,生活渗出其臭无比的麻木,那还不如选择贵族的掠夺精神,或者野蛮人的自由自在,至少他们大大方方地以自己的身体和欲望为傲。而战争,这通盘性的骚乱,似乎备有新鲜及刺激所应有的各种特质,尤其是对在1914年以前维持长期和平的欧洲而言。欧洲各国对他们一致的宁静生活已经厌烦,触动了"解闷的世界末日"的念头,而且后来真的实现了。

就像一位年轻思想家于1913年所说的:"战争,为什么不？那应该很好玩！"① 战争不仅具有消遣性，对许多人而言还代表了最好的结果，结合着蛮族的精力与封建领主的骁勇。1915 年，社会学家桑巴特（Werner Sombart）将英国人的市侩气息和条顿族英勇骑士后代的德国人的英雄主义对比。尤其是希特勒，在 1914 年时，跪下来感谢上帝让战争爆发，因为他认为战争是人类的自然国度，是最高段的考验，能将战地壕沟变成"以火墙筑起的修道院"。

> 在我纷扰的少年时期，最痛苦的事莫过于，刚好出生在一个显然只把荣耀殿堂竖立在小店家和公务员之上的时代。历史事件的高低起伏似乎已经平息，而未来仿佛仅归属于各国人民之间的温和竞争，也就是说，容许互相欺骗压榨，而一切以武力自卫的手段则被排除在外。……（当 1914 年的冲突爆发时也一样）。这些时刻就像是我年少痛苦印象的解脱。今天，我可以说自己充满一种纷乱的热情，再也不怕难为情。我不禁跪下，真心感谢上苍，让我有幸生在这样一个时代②。

从劳伦斯上校、未来主义派、独立游击队，一直到红军，整个二十世纪群起对抗"最后一位尼采信徒"仅注重个人小乐这种陋行，他们有火山般的浪漫心灵，迫不及待地想迷失在"钢弹风暴"中，急着想把这种"文化的污秽"踩扁③。必须

---

① 由班达（Julien Benda）引述自《教士的背叛》（La Trahison des clercs），Grasset 出版，第 211 页。
② 引述自希特勒《我的奋斗》，Nouvelles Éditions latines 出版，第 158—159 页。
③ 引述自汉娜·阿伦特的《极权体系》（Le Système totalitaire），Points-Seuil 出版，第 52 页。

"强硬或柔软",正如国家社会主义的理论派所形容的,要像整体一般坚固或浆糊那样稀软,去培育"机关里的同志情操",让它给予我们钢铁般的心灵①。最后,我们知道,二十世纪的知识分子全部出身中产阶级,且对暴力深深着迷;他们嗜好"绝境",倾向表面上忧心正义,骨子里支持邪恶的政策。"我只愿意活在极端之中。……所有平庸的东西都让我气得大吼!"拉罗歇尔在1935年时激动地惊呼道。那时,他刚参观过纽伦堡和德国的达豪,正在前往莫斯科途中。九年后,1944年,他在日记中记下了对斯大林的崇拜,那是比希特勒更强有力的世界新主宰。

中产阶级的罪状?宁可偏安却不拿出勇气,选择平庸苟活,不敢轰轰烈烈地死在救世的鲜血中。中产阶级的幸福加倍可恨,因为对信徒而言,这种幸福让物质主义益加猖獗,使精神救赎变得廉价;对革命者而言,它认可胆小懦夫的胜利,而这些人绝不敢赌注生命牺牲奉献。没错,与其当个小公务员或股票小散户,倒不如成为恐怖分子或凶恶罪犯!宁愿当毛泽东、波尔布特(译注:柬埔寨共产党首领)、卡斯特罗或米洛舍维奇,也不耻中产阶级令人作呕的当道横行。对某些人而言,甚至奥斯维辛集中营都比我们恶梦般被电脑控制的社会要好!②

感谢上帝!我们不用在地狱和平凡之间做出抉择。我

---

① 这里所说的理论学者是指1928年的胡根堡(Alfred Hugenberg)和1940年的舒德(Kurt Schuder)。引述自斯洛德基克(Peter Sloterdjik)的《犬儒思想批评》(*Critique de la raison cynique*),Christian Bourgois出版,第555—556页。

② 比较起来,奥斯维辛集中营的大屠杀还算带有浓浓的激情,不像那些被中央空调冻僵的手,伸长指向未来社会,那几乎是电脑控制专家的政治组织。

们知道,战争在西方世界中早已不叫好。我们的武器都采用了——至少对武器而言是如此——"零伤亡"的指令;而在上一个世纪,也许只是暂时性的,我们已接种了疫苗,对集体屠杀免疫(但是没有对变本加厉的暴力免疫)。使战争失去身价的,是它与恐怖和烦厌之间极为特殊的结盟。在战争中,恐怖强词夺理;恐怖本来的作用在于压制单调,结果却把单调带到一个无可匹敌的境界。而我们这个时代的人们,视个人性命高过一切,理所当然地既不要一成不变的生活,也不要杀戮,现代人对灭亡的诗意已经免疫。而从六〇年代起,西方改变最多的,是民风的解放。这促使我们从爱欲享乐或某些毒品中,找寻前人在危险中争斗时所追求的刺激张力;但我们是否明白现在轮到享受被周而复始的帝国所支配(现代所谓的大冒险,是内心的冒险,是开探内心世界),这又是另一个问题。换句话说,我们已经得到过别种生活的权利,可以挣开某种单一模式的枷锁。中产阶级受各种争执动摇打击,不得不重新检讨,并同意不再自以为是人类最终目标和文明生活的标准形态。疯狂年代、艺术革命、战后的自由复苏,爵士乐和摇滚乐崛起后一发不可收拾,都在在显示社会已从中产阶级可怕的囚禁中松绑。

猜忌的性格曾让中产阶级失去贵族的高尚气质,现在又回过头来与它作对,迫使它大开门户,随时用他人的眼光检视自己。新中产阶级过去"过分信仰善心慈悲",现在则摆脱所有对集体的效忠使命,变得白天认真,"晚上吃喝玩乐",并在生活中掺入新自由放任伦理,加上从六〇年代继承得来的疯狂享乐[①]。而最特别的是,他们变得良心不安,细部或整体地排斥自己

---

① 里拉(Mark Lilla)说得精妙:"两次自由放任革命:六〇年代和里根经济学。"

的出身环境(法国社会学家布尔迪厄(Pierre Bourdieu)的所有作品都在证明这点,比方说,小资产阶级对自己的憎恨,一方面害他们在自己的阶层中停滞不前,另一方面逼他们对上流人士,"世界的主宰",做出过多的非难,充满尊敬的厌恶)。

如何才能辨识中产阶级?凭他叨叨不停地诅咒中产阶级,凭他可憎的尊敬好礼和丑恶的虚伪。所以说,自我毁谤已成为一种中产阶级的生活模式:因为他们所属的阶层得持续地争取合法性,必须不断践踏自己宣布的原则。中产阶级的生活被撕扯分裂,他被迫起来反对自己,并同意"其对手也有部分道理"。因此,当欧美的保守派持着老祖宗十字军的口吻,既想任意指挥我们的风气和内心世界,又想强迫每个人过相同的生活时,我们着着实实吓了一跳。就这一点而言,把公民团结条约或日后可能实现的同性婚姻附加认养权,看成家庭制度瓦解的开端,这是多么严重的误解!事实正好相反:无论我们属于哪个派别,获得胜利的将是家庭。而人们也不知道用什么理由,以人类学观点或其他学说论点,能够与家庭敌对。此外,值得注意的是,以前人们所称的中产阶级愚蠢,那种问心无愧的爽快,与自己紧密贴合;这些现象不但依然在中产阶级中猖獗盛行,甚至已经扩大到与他们为敌的人身上,而且不论团体、社会阶层、种族上或性别上的弱势族群,凡是对自己感到骄傲并毫无顾忌趾高气昂的,都会受到影响。人们不承认自己的身份,只是为了使别人低头弯腰;而人们高声表明身份,多半是因为担心没有这种身份就活不下去。仿佛对许多社会运动而言,身份是一种破格优惠,接纳它们的古怪小缺点,并解脱它们的痛苦,从此不需要再不断自我检讨,也不必非要过着远离真我的生活。反卫道主义者的卫道精神与卫道主义派不分轩轾;社会边缘人的警察对管理正常人的警察也没什么好羡慕的,尤其是在他们有借口叛乱的时候①。今天,布丹姆先生(译注:法国诗人魏尔仑笔下的人物,代表所有中产阶级)可以说自己是艺术家,摆出颠覆者的姿态,像个伟大的反抗人物(对抗资本、道德、种族主义、法西斯主义、言论自由等等)。结果,对中产阶级的责难都带有一个特色:希望这令人厌恶的对象一定要坚毅不摇。非难中产阶级不是为了消灭他们,而是为了让他们延续下去。

苦涩的胜利

由于一种狡猾的或该死的反讽,随人高兴怎么说,中产阶级不仅从消灭宣言中存活下来,而且益发茁壮,甚至成为一个世界性的新兴阶级,处于极富与赤贫之间;而各地数字显示,无产阶级这昔日的救世主体人数正在减少,取而代之的是一群饭碗不稳的薪水阶级。简单地说,中产阶级已没有你我之分;诋毁他们最凶猛的人,例如艺术家,只不过是另一种颇为生动的同类罢了。既然中产阶级吸收了以往不可能做到的生活模式,阶级之分虽然依旧存在,但只限于同一整体中。就存在于同一个世界这点而言,这些差别之强烈并不逊色。而这个强势的整体和所有被排除在外族群的对立,后者在它的边缘形成一群不安分且以批评为乐的团体,因为目

---

① 根据斯非的调查,1995年时,在斯坦福文学院中,有48%的学生宣称自己是男同性恋。这个数字与实际状况毫无关系。作者认为,造成这种现象的理由有三:一、完全不在乎同性恋突兀的形象,说自己是同志显得很炫;二、因为同性恋是弱势,所以受到联合保护;三、这样人家就不会告他性骚扰。参看《完美的健康》,第65页。

前闲着没有任何计划,所以特别尖酸刻薄。如果说什么都逃不出贪得无厌的中产阶级之手掌心,至少,我们还可以有轻视他们的理由。而所谓轻视他们,也就等于轻视我们自己,无情地鞭笞自己。随着时间发展,反中产阶级的不满呼声从政治性的,转为文化性的,甚至变成形而上的。

无论怎么称呼,我们全都是中产阶级;这正是我们的最高精神指标——经济信仰——所证明的事实。从此以后,经济占有绝对性的角色,我们的喜乐忧伤都根据它的标准而变,总之,经济不再只是一项效用,它是我们的命运。从这当中引出的后果是,现代人对舒适、优质生活和幸福三者之间的观念混淆不清,以及我们的拜金倾向;因为我们都成为马克斯·韦伯所说的新教徒,我们相信金钱的所有好处,并相信金钱是一种美德(更贴切地说,那是一种清教徒的新教精神,始于美国,然后扩散至全世界)。假设一种全世界都应该追随的至高完美,并相信所有有心人的力量可能结合一致,这或许是功利主义学说的弱点。这些学说对有前瞻性的政治繁荣发展,努力达成福利国的目标,确实有其贡献;然而,当它们制定权宜性的内容,不惜驱除任何向规定挑战的人时,这些学说就成为束缚:譬如说,当它们处罚戒不掉烟瘾的老烟枪,动机是毁损自己健康的人不可能快乐,或者在它们忧心忡忡"速限每小时五十五英里"对我们个人幸福可能带来影响的时候[1]。这些议题完全没有可耻之处,相反,确实需要来一次政治和风俗的彻底颠覆,才能让平民开始有享受安逸舒适的权利。还记得在十九世纪时,反动分子评估,为了

---

[1] 默里(Charles Murray),《追求幸福与良好的政府》(*Pursuit of Happiness and Good Governement*), Simon and Schuster 出版,1988,第186页。

维持社会和平，一定得维持人民处于恐惧与贫乏的状态。然而，政府可以营造理想的环境，有利于各种本意良善的企图（健康、房屋、教育、保险），却无权断定怎样的人生才算幸福。人们只有在遭遇避免不了的灾厄时才会共患难；而在人人公认或私心欲求的圣善时期，绝无法共同享乐，至少在民主社会中是如此。我们可以无止境地辩论幸福，可以惊讶地发现，原来存在上千条通往兴奋的道路，可以迎合他人在这方面上的相同观点，但不能用强迫或颁布命令的方式妄自决定。换句话说，有针对优质生活的政策，但没有针对幸福的政策。若说穷苦使人不幸，荣华也不见得能保证欢喜快乐。这正是将幸福的权利融入宪法危险的地方：它会被分解成无数个主观性的权利，无视于集体的利益；不然就是会任由寡头政权或国家来决定怎样做较好，最后很可能演变成独裁政体。

利尔-阿达姆（Villier de L'Isle-Adam）曾想象过一种仪器，用来收集人临终前最后几口气，让垂死亲友的生命不要那么残酷地结束。赖希曾打造一种机器，用来储蓄"奥冈能量"（译注：奥地利人赖希想象出来的能源，无所不在，没有质量，若没有被抑制则持续在运动中。凝聚起来可以创造物质，甚至创造生命形态）。我打赌，现在一定有某个科学团体正在建造一座"享乐度量计"，以便推测国民幸福总值[①]，某个特定民族的至福程度，就像测量空气中的湿度一样。无论计算有多么精密，那些数字铁定和"幸福"沾不上边，因为它不属于统计范畴，也不是一种需求。

此外，自从1989年以来，我们对资本主义的憎恨丝毫没

---

① 根据罗马俱乐部的用词，与国民生产总值对照。

有减退,反而愈来愈浓厚。这是因为在没有轮替对象的情况下,这个体制以致命的重量压迫着全世界的命运。发生好事不计它的功劳,所有的不幸都算在它头上,以至于它败给了自己,无法达成它透过理论学者对我们做出的慷慨承诺,弃地球上大片的地区于贫困匮乏之中。唯一能把资本主义"杀掉"的方法,大概是全面无异议地采用它,直到它承受不住本身的矛盾,沉没灭亡。但是,既然资本主义只靠批评就能存活,而且反而能够从中恢复生气,得到不断复活的保证。那是一种蜕变的机能,每次再生后所显现的形式都出人意表。有一种诡异的变调让那些抨击资本主义的人只想在资本主义的领域中击垮它或胜过它。那些人自以为是资本主义的对手,其实反倒变成它的经纪人;他们打算努力超越资本主义,努力的结果反而使它更完美。所以反资本主义者(或反自由放任主义者)的言论具有乌鸦嘴般的效力,咒骂就等于帮忙,因为在强调资本体制缺失的同时,这些批评没能粉碎它,反而给了它重整再造的空间。

对抗中产阶级的诅咒嫌恶,眼前还有美好未来:透过这种辞令,现代主义都在高喊对自己的憎恨,厌弃自己的失败与丑陋,增强对自己的反感。因为,现代主义并不喜爱自己(即使伪装成后现代主义也一样)。它把人类的期望拉得过高,所以最后一定会让他们失望。这是来自于宗教的刻薄报复;宗教的状况可能很糟,但是接替它的情况也好不到哪里去。我不知道我们是否应该害怕,像某些人言之凿凿所说的,将出现一种跨国的"超级阶层",他们将主宰各种思潮与知识,并在全球造成种族隔离。相反,从近期历史来看,也许该小心的是这种中产阶级的分裂,由于他们深受挫折,厌恶自己,随时准备像在二十世纪中一样,与低俗群众结盟,再次发动独大极权行动，当然还是打着社会正义的名号，号称这是为了地球上所有受苦受难的人，为种族平等，为世界文明，或为了任何其他的伪装名义。我们得提防这些无所事事的精英分子，他们抱怨生活太狭隘，贪婪地打起世界末日和浑沌无序的歪念头。

愿望实现后的乏味

彻底破灭的梦幻：从浪漫时期起，人们就经常拿它与年轻人的英雄梦对比。生命大约只是一条宿命的路，从满怀希望走向破灭醒悟；是一次熵的增加过程（译注：熵为热力学上的一个函数，显示体系中能源之耗散。热力学第二定律认为，不均衡状态将逐渐走向均衡，这是一种不可逆的过程，而在均衡状态下的熵值最大，动能近乎零）。凡被击垮的想象皆有这个共通点，而它也可以和另一种模式做对比：愉快的惊喜，重返梦境。因为人们所说的相反，梦的世界其实是既贫乏又平庸；而现实世界，只要我们开始去发掘，就会被它的丰富与多样性压得喘不过气。文艺复兴时期一位神秘的荷兰人鲁斯伯克说："喜悦享受超越欲望所期许的可能范围，我把这种状态称为陶醉。"依据计划来决定生命，这种前置作业的原则应该被外在原则取代：世界的无限宽广超越我所能想象或期待的，必须要抛开这些想象期待才能去爱这个世界。令人失望的不是世界，而是那些束缚我们心灵的迷梦。愿望实现后的乏味：在这个哲理中，隐含着某种深奥、让我们小心、绝不会真正找到想找的东西。"别让我得到我想要的"，千万不要让我活在黄金时代，那个所有心愿都已达成的花园。

最悲哀的事,莫过于未来与我们想象的情况相似。当愿望碰巧与我们的遭遇相同时,多么令人失望!然而,当我们的期盼因某种特殊事件而没走上该走的轨道,我们会得到极为深刻的感受(因此,幸福文学经常是一种幻灭文学:要不是期望遭到命运捉弄,就是更糟的:愿望真的达成了;于是欲望得到充分满足,也就是说,被扼杀抹灭)。真正的享受感并非得自一项实现的计划,而是每每来自于节外生枝,与预期渐行渐远的行事。若说无聊总是伴随平衡而来,那么,一旦想象必须折服于现实的奇妙惊人,就会立刻欢喜洋溢:"那时我必须在钟槌和大钟之间做出决定;现在说实话,我只听到了钟声。"(谢阁兰[Victor Segalen])。所有激昂的生命都是成就也都是溃败,也就是说,一种美妙的绝望:我们不希望的事态却发生了,而人们开始特别留意一切让生命丰裕、狂热和醉人的东西。梦想幻灭则始终是一扇向奇迹敞开的大门。

换句话说,或许我们在两样基本态度之间不断摇摆:一是控诉生活的检察官,因为他以过去的标准或既存观念评量某种理想(天堂,美好的明天,幸福);另一种态度则是律师,无论生命带来的是失落之苦,还是引人入胜,他都不惜一切地讴歌赞颂;被生命残酷伤害也好,温柔抚慰也好,他总是为它全力辩护。而当控诉者大喊:"我上当了!"辩护人则回应:"我可满意极了!"

8　你的幸福是我的鄙俗

一道无底深渊

从法国大革命以来,民主文化就挨上了官司。在这段诉讼之中,有一个不断出现的字眼:鄙俗。这是一种近期现象,出现的时机就在被奴役的人民变成(至少名义上如此)政治生活的主角之后。随着社会变迁,各阶层渐渐混淆,贵族与平民,城市与乡村,无产阶级与资本家,人人平起平坐。鄙俗亦随之散播,并造成糟糕的不协调,从夹杂不同阶层和不安其位的社会阶级中迸发出来。一旦贵族的美德和人民孩提时的天真消失,为侥幸者的利益所取代,鄙俗也就同时占据全球;而中产阶级这个与各极端都维持相同距离的阶层——根据亚里士多德这位哲学家的论点——便自许为分寸和制度的保障①。但中产阶级也是一个流通传播的地方,一个龙

---

① "在所有国家当中,毫无例外地,存在着三种国民:极富有的人、极穷困的人和处于两者之间的人。如果我们同意,只有适度执中者才有价值,很明显,对财富来说也一样,拥有钱财最好适量即可,因为这样我们　　(转下页)

蛇杂处的区域，在那里，昔日的分界已经模糊。普通人不一定都平凡无奇，他们也可以是媒介，是各种交流的汇集点。而中产阶级正符合平整、均衡和多孔性这三种定义。

平民自然是粗俗的，这并不稀奇。在成为社会主义基督学的殉道徒或造反者的同义词之前，他们代表的是良知的原始状态。在《理想国》中，柏拉图将人民比喻成一头"巨兽"，要顺着它的毛轻抚它，哄诱它；这只动物既无知又愚蠢，在国家中所扮演的角色相当于一个对航海已经耳聋眼花的舰长。在旧王朝体制中，两种不同阶级的人共存，却不互相影响，因为坚固防渗的栅栏将庶民隔离在社会的其他阶层之外。封建制度消失后，一切都改变了。人民虽然原则上已经登堂入室，其品味却仍备受质疑。所以康德解释道，萨瓦地区（Savoie，译注：法国靠瑞士阿尔卑斯山北部）的乡下人因为太粗蛮，所以无法体会冰河和尖峰的美，眼里只看得到危险和困境。平民、农奴、土包子，那些中古世纪时被说成灵魂是从屁眼里钻出来的人，那些根据歌颂功绩的歌谣描述，连死时都引人发笑的人，或许已变成城邦商业的主要人物，但是由于天性使然，他们仍旧感染不到一丝细腻，而且如果他们敢插手表示意见，终将会陷于痴愚之中。

粗鄙并不是没教养的乡下人的笨拙，他们是贵族经常嘲讽的对象；不，粗鄙始于中产阶级绅士，他们模仿自己永远无法成为的贵族；而粗鄙尤其标志了一个决定性的阶段：群众

(接上注①)要金钱服从理性会比较容易些。"引述自罗米伊（Jacqueline de Romilly），《古希腊民主之问题》（*Problème de la démocratie grecque*），Hemann出版，1975，第 177－178 页。中产阶级，根据较后期的米什莱（Michelet）与阿隆（Raymond Aron）的解释，既不够有钱可以成天游手好闲，也没穷到可以起来反抗的地步。

对礼仪及风俗的大举入侵,也就是说,下层阶级提升到上层阶级。粗鄙是平等所带来的后果,它也企图毁灭阶级制度,淘汰出生良好的贵人,并以当之无愧的能人取代,将相同机会均分给每一个人。所有价值都一致平等,而且也分别被抹去;世界最伟大的女性可以是个婊子,最高尚的名流可以是出身下层阶级的混混。鄙俗,引用左拉评论第二帝国时所用的字眼,就是饮酒狂欢,是各类各种的混合,是朝容易得手的享受一窝蜂地冲钻,是秩序与特权交杂,是全宇宙的接触,是胃口与野心的互挤推撞;最后,鄙俗是暴发户的胜利(能成为暴发户的当然都是被排斥轻视的贱民),是目不识丁的百万富翁获胜,他等不及要学几套基础礼仪文化,以便遮掩他那可耻的出身[1]。

篡位者的策略

鄙俗是模仿者的错乱反常,是为追求正当性而产生的病态:总是模拟着不像自己的事物。鄙俗之人不愿按规矩耐心学习,他们直接进占模仿对象的位置,自以为就算没把他赶下台,至少也与对方势均力敌。于是,鄙俗重复中产阶级的历史,像它的阴影一般,并对中产阶级最伟大的战绩产生质疑:这个阶层不仅仅背叛使命,而且又造出另一种层级,对被它战胜的人也卑躬屈膝,并沿用他们的生活模式和方法。贵族让中产阶级倾心不已,因为他们拥有一种后者永远得不到的气势;而中产阶级模仿他们的举止礼仪,使用起来却怪里

---

[1] 节录自波里为左拉作品《本堂神父》所作的序文。

怪气，因为想在自己的传统中加入一种以前没有的生存方式①。模仿者自认捕捉到了精髓，但其实还只在表面阶段，而且已陷入滑稽秀的泥沼中。他们把一些根本学不来的要点胡乱凑成一气，以仿制品的姿态加入他所憧憬的名门之中。简单利落被夸张喧哗取代，自然突出变成嘈杂卖弄；就是这样，一心效法高贵的庶民身份泄漏无遗。

正因如此，鄙俗和金钱有部分关联；也就是说，凡那些出生时没有的优雅、品味、尊敬，都想用钱去买，因此所谓的新贵才那么具有象征性。他意图将"有"的语法转换成"是"的语言，然而却做得太过火了，于是在希望人们忘却他的出身的同时，自己却反倒泄漏出来。无论他做什么或说什么，总是缺少出身良好的人的那份漫不在乎，合乎时宜，从容气度。他的服饰剪裁太好，谈吐假装轻松，好像每天都要参加节庆似地矫揉做作。而他那些可歌可泣的努力，反把他推入幽暗深处，而他又急切地想重见天日。暴发户记取的教训，就是人不因为富有而不同凡响，而且有钱并不等于富有；他只是个成功赚到钱的人，想早日得到上流社会的肯定，并焦急得跺脚。有些人拥有钱财，还有些人本身就是钱财。前者是名门家系的继承者，后者则是那些缺乏足够教育、时光冶炼，且整日庸碌之人。

然而，不把新贵的蛮横看做一种活力的表现，一种运作的因素，这可能吗②？暴发户所担心的，不是自己的粗鲁傲

---

① 关于这方面，请参考贝侯（Philippe Perrot）精辟的研究：《奢华》（*Le Luxe*），Seuil 出版，1995，第 163—167 页。
② 法国虽然不乏探讨"新式钱财"的社会学说，在《新老板，新王朝》（*Nouveaux patrons, nouvelles dynasties*）中便有很好的写照，但就我所知，关于那些自北非遣返回国的人士，他们的了不起的成就，与旧中产阶级的结合，偶尔还故意卖弄的奢华，既吸引人又同时惹恼其他人，这所有的一切，都还没人着墨论述。

慢,而是他们致力学习的规范潜伏着被误解的危险;他们敬仰这些典范礼仪,但同时也糟蹋了它们。被复制就是被掠夺,自身的正当性受到动摇,几乎等于被推翻。就这方面而言,绝对唯一的罗马有一个鄙俗的版本,对很多人来说,那就叫做美国,欧洲那个误入歧途的女儿,却更成功有钱。早在十九世纪,叔本华就写道:

> 北美的特征,就是各方面都粗鄙俗气:不论风俗、知识界、美学和社会上皆是如此;而且不只在私人生活中,连在公共场合也是如此。他们并没有抛弃洋基佬(**译注:在英式口语中,洋基佬是指美国人、美洲人**)精神,爱怎么样就怎么样。……这种鄙俗让他们与英国完全相反:英国人不一样,总努力在各种层面上都高尚贵气;所以洋基佬对英国人来说显得异常可笑又讨厌。洋基佬,说实在的,是世界上最鄙俗的老百姓。

接下来必须探究的是:为什么这些俗气的老百姓会让全世界都感染他们的生活模式,为什么美国的丰功伟业能掌握全球,甚至成为全世界模仿的对象?这时,我们必须说,在鄙俗之中,也就是在猴子学样的笨拙之中,含有一股了不起的力量,一份努力的耕耘,结果常创造出一种空前的形态。鄙俗是新颖问世的途径之一。美式粗俗的力量,是受到一股创建精神鼓舞,斩断了与古老典范之间的所有关系,而且在对其他文化过度滑稽地模仿时,发明了一种前所未见的新文明。

幸福基因？

七〇年代中，一群神经医药学者在探索古柯碱和鸦片产品的各种效应时，试图辨别出一些物质，根据这些物质存在大脑中的状况，可以决定每个个体享有好心情和愉快的天赋[①]。他们提出一种"享乐能力"的学说，将忧郁症、性冷感和紧张描述成特定的神经状态。从那时起，投注在这个领域中的研究心力就不曾中止。我们每个人身上对于感受愉悦、焦虑、疼痛和衰老的遗传天赋并不平等，没有人能否认这项事实。但这是一项决定性的因素吗？如果真的存在所谓的幸福基因，好比那些尚未证实的犯罪基因、盲信因子、同性恋因子一样，那可就轻松了！生命再也不是由我们因应状况而写下的混乱故事，它将像一份程序表那样精准；生命也不再像以往那般被记载在神明的生死簿上，而是刻录在 DNA 的族谱之中。无论我们怎么做或想怎么样，只要达到一定的满意度，我们就会被选择，并根据我们的染色体组成被标上记号。世界上将会有一群人生性焦躁，拥有过多的肾上腺素和血清素；而另一群人则好命幸福，大脑里永远溢满多巴胺（译注：抑制催乳激素和促进垂体前叶释放生长激素的激素）。再也不会有起源于自由和偶然的烦忧了：一切都按照遗传基因安排好了，所以，命运早已注定。

然而，幸福的奥秘就在于，它的显现并非区区一些成分就能促进或抑制的；人们尽可以把这些成分聚集在一条最理

[①] 这些学者是康兹安（Edward Khantzian）、米尔（Paul Meehl）和克莱因（Donald Klein）。引述自西莎（Giulia Sissa）的《乐趣与罪恶》（*Le Plaisir et le Mal*），Odile Jacob 出版，1997，第 168—169 页。

想的神经束中,幸福将远远超越它们全体,不被框住也不被定位,而且像蝴蝶的翅膀那样,在人们以为捉住它时,就风化瓦解。特别是生命的结构永远像一则承诺,而不是一项程序。就某种角度来说,出生人世是一项被应许的承诺,被应许了一个在我们面前跃动的、未知的未来。只要未来保有无法预见的陌生面目,要实现这项承诺就必须付出代价。生命会被随意带走,不会到我们等待的地方;生理或社会阶层的安排纪录随时可被颠覆。不知道明天将如何的那种刺激,无法确定等着我们的会是什么,这些感受本身远比记载在我们细胞中的规则性乐趣要好多了。无论如何,总有一种价值无穷尽地超越幸福,那就是梦幻性:这种美妙性能的作用是,将惊喜保留到最后一刻,令我们出其不意,使我们脱离既定轨道。一种没有故事的幸福,相较之下,一段没有幸福却高潮迭起的故事,难道不是更好的选择吗?最糟的莫过于那些无论遇到什么情况都高高兴兴的人,脸上挂着一副喜气洋洋的怪表情,仿佛被判定一辈子注定要兴高采烈,而正在服刑偿债似的。

拯救世界的鄙俗

根据一则至少已经流传了一个半世纪的传言,现代主义在政策面上虽然赢得胜利,却在美学上一败涂地,并造成卑微压过伟大,狭小气度抑制大方高贵,凌乱统治和谐的局面。一肚子草包的现代人,会牺牲性灵的优雅,去换取质量较差的消遣娱乐。既然再也没有任何阶级或精英能制定准则,一切只能任由唯利是图且传播性强的次文化为所欲为,处处强制接受它那种差不多风格,草率的粗线条及其愚昧无知。这种看法倒也并非全是错的。鄙俗的确是一个被粗俗全面占领的社会显现出的病兆，而且有意允许所有集体或个体的表现粗俗。当人民拥有超出实际能力的主权，且意图在礼仪和艺术上施展权力时，鄙俗必将随之而来。这就是为什么，如果人们不肯承认民主是一种精神上的失败，就必须保护这些拥有主权的人民对抗他们自己，对抗他们的一时痴念，他们的以量取胜、日渐坐大。为了实现民主，应该要侵夺那些传统上被认为是民主绊脚石的价值：狂热、反抗、伟大、威武不屈。民主需要这些，以便在可以毁灭它也可能拯救它的反论中存续下去。所以，为了让民主顺势产生自然抗体，不得不在它身上注入一点贵族或蛮族的特质，与民主理想唱反调，发动"品味之争"，重建阶级，欺压愚昧平庸，处处以树立风格和才华为诉求。

同样，在这种即时接触的文化中，可能也有再造礼节的需要：抵制某些媒体约定俗成，直接用"你"称呼所有的人（译注：法文依据关系亲疏，第二人称主词分为"你"和"您"）。这种语言是勾结和轻薄狎玩的媒介（薇依在市政部长任内，有别于前任部长达比[Bernard Tapie]，以"您"称呼与她对谈的城郊青少年，这个举动并未被看成拉抬身份距离，反而被认为是表现出一种尊敬）。此外，也要抵抗从大西洋对岸传来的用法，直接喊陌生人的名字，可以的话，甚至喊人家的小名绰号。矛盾的地方是，在这方面，美国人为了反抗传承自古老欧洲的讲究礼仪，因而造就出讲究自发率直，立即表现近乎过度的真诚，在外国人眼里真是虚伪到了极点（尤其当和气主义[niceism]这种有礼亲切后来却变成冷漠的时候）。礼貌是一种小型政治，一种被认可的取巧手段，用来纾解敌意，使人与人之间的融合平顺，承认对方的地位，不去侵夺他人的自由。现在有迫切需求，必须重新寻回公民道德心，借此使尊重和弹性并存不冲突，再订简单的规条，并在之中加入旧时的殷勤、机灵、"缜密原则"，在刻板生硬、假性和谐，或粗野低俗之外，还存在着别种公众生活模式。

而鄙俗，这个一边呼唤我们一边又排挤我们的深渊让人头昏脑胀，这却也是不争的事实。平淡无奇将事态压平，多愁善感作风婉转，跟它们相反，鄙俗带有一种企图，想去伤害人、吓人，让人听见低级、肮脏、无耻的力量。鄙俗当然有一种用途是色情的；它利用肉欲去反驳诅咒报应，以下流手段侮辱高贵为乐，放任性幻想天马行空、尽情发挥，并滋味无穷地享受这种低贱。而正如众所皆知，良好教养和放任不羁并存，表面如天使一般纯洁，实际上却肮脏龌龊，这对某些人士造成多大的困扰，仿佛翩翩有礼和羞耻本身翻腾汹涌的兽性裸露了出来。同样的感觉，在所有低俗美学，从杜里（Clovis Trouille）到孔斯（Jeff Koons，意大利艳星西奥莉娜[Cicciolina]的前夫），还有阿莫多瓦（Almodovar）和狗男团（Les Deschiens），整个愚蠢、恶意的文化，甚至滥用低俗品味，用大众接受的无聊幼稚去反抗这种无聊幼稚（就像某些血腥电影或三级片，将裸体、鲜血、肉体当成肉摊上的生肉一般耍弄，目的就是让观众忍无可忍，怒不可遏）。另外，别忘了还有"花园小矮人解放阵线"，将遭主人非法拘禁的陶土侏儒释放回森林，因为那儿才是它们的自然天地。总之，为了报复中产阶级的蠢行，布瓦尔和佩居榭（译注：福楼拜作品中的人物）找到最好的办法就是完全抄袭。这就是在面对蠢事时，福楼拜式的迷眩：为了打倒愚蠢的幸福，自己必须变得愚蠢，但不幸福。

过分迷信鄙俗能拯救世界，将我们身上的社会泥沼洗净,这颗定时炸弹很可能传到运用它的人的身上。低俗品味怀有神圣使命,却也不是没有危险。同样,情色男女随时会被一成不变的残酷所吞没,也就是说,陷入荒谬可笑中。具破坏性的鄙俗和本应对抗鄙俗却重蹈覆辙的善意鄙俗,两者之差只在一线之间(陈腔滥调之意也是如此,就像安迪·沃霍尔[Andy Warhol,译注:波普艺术先驱]或波普艺术所做的,常常成为另一种将陈腔滥调发扬光大的方式,也就是说为它脱罪)。

　　有些鄙俗近乎白痴行径:想要革除它,就必须先认清其本性,承认它具有惑人魅力,不要把它推到别人身上。这种鄙俗也显示我们爱好仿冒品、假货,让人眼花缭乱之物,所有以假乱真、最后弄假成真的东西(就是这样,大批冒牌金发美女让我们怀疑世界上真有金发女郎吗?于是我们努力去寻找正宗冒牌金发美女)。唯一让人受不了的鄙俗,就是自己不知道自己鄙俗,打着优雅高尚的俗艳名号,还痛斥别人的粗鄙。因为日常生活永远是一出鄙俗拙劣的作品,永远与那些千篇一律、引人发笑的梦有关。所以,你的幸福是我的鄙俗;一种生活模式只要一经中产阶级采用,立刻就会遭到上流社会的唾弃。因此,应该有一种正确运用鄙俗的方法,就如同对抗淫秽世界的精神卫生清洁品、消除闲言闲语的去污剂,在它为了从中取得诡异骇人的泉源,而将心力再度投注于平淡无奇的事物上时可以善加利用;但是,鄙俗也是一个致命的陷阱。民主的这种"负面伟大",既是难得的机会,也是一种凶兆;因为它确保各种运势随时可变,也扩展所有次等货与冒牌货的版图。对抗伟大鄙俗的战争永无终止:人们愈攻击它,它就愈壮大,腐蚀那些自以为已有万全准备的人,而正因人们对它认识不清,它更能主宰大局。所以,在我们这个时代,对卓越品味的热情全都躲在像高级文化、艺术、优秀的小团体、纯美学等这些避风港中,而完全没有补救或出走散心的可能。一切一切都已经被污染了,我们注定得忍受鄙俗,跟它作战,喜欢上它,将它当成一把宝剑,能护身也能自残。我们必须筑起围墙,对抗那些没用的狗屎,福楼拜在痛批第二帝国的鄙俗浮夸时如此骂道。到今天,这依然是一项现行计划。前提是,我们必须承认,这些"狗屎"很吸引我们,而且已经堆到脖子那么高了。

完全错过的一生[①]

"成功的生命是,"维尼(Alfred de Vigny)说,"青少年时期的梦想在长大后实现。"希腊人则认为那是一段深思熟虑的生命,一生专心思考,经历远大抱负绽放光芒,并且能成为众人的模范。对我们而言呢,我们可以说,成功的生命自然会带来财富,必然有所成就,而且我们绝对不想拿它跟任何其他生命交换——即使它再怎么不起眼——因为它完全属于我们。

并非所有的生命都有价值,然而,因为这样就论定有些生命根本一文不值,并舍去那些不符我们标准的命运吗?因为整体结果并不吉利,就连积极的人也不例外地建议大家要随时具备死亡观点:最后将由死亡来结清总帐,使我们成为被他人评论的目标。"人还没活到生命的最后时光之前都不能说是快乐的。"梭伦(Solon)如是说。但只要我们还能呼吸,

---

① 奥汀—格勒尼耶(Pierre Autin-Grenier),《完全错过的一生》(*Toute une vie bien ratée*), Gallimard 出版,1997。

要我们屈服，被胜利或失败选择，这并不公平。就像哥伦布，他没找到印度，却发现了美洲新大陆。我们不断地"错过"生命，到达其他地方，那是一段特别的历程，不到最后一分钟便不会稳定下来。

正因为整段生命是一项错失的缘故，所以在光荣与挫败的紧密结合之下，还能够既美好又高贵。因为没有必要，所以它根本不用成功也不需失败，只要愉快就好。有些上流人士的衰败过程隐含有一种伟大，一种默默的善良；而又有多少璀璨人生其实运载着枯乏失意。在这方面，我们可以确定的事都是负面的：我不知道什么是美好人生，我只知道不好的人生，那是给我多少钱我都不想要的。不要跟我说成功的生命应该如何如何，跟我谈谈你的人生吧！告诉我，你怎么将失败转化成对一切都有价值的事业。人可以不由自主地一再发问，却必须阻止自己去回答问题，否则恐怕会缩闭出路，停滞所有的可能性。

我们知道，有些人被荣誉和奖章折腾得死去活来，觉得这些荣耀勋章就像提早来临的葬礼；这些人已经被永远分定等级了。当心不要太早下结论，让每个人都有跌倒的可能，有再站起来的可能，保有迷失却不被局限在某种判断中的可能性。轮回转世的理论有一项真理：就是在这一段尘世，我们可以体验好几次存在，可以重生，重新开始，改变方向。重要的是，我们能大声说："我曾经活过！"而不是："我浑浑噩噩度过。"我们永远也得不到救赎，也不会被诅咒；而且我们都将死在"某个地方，于未完成之中"（里尔克）。

9 如果金钱买不到幸福，那就交出来吧！[1]

有钱是幸福的模范吗？

在《追忆似水年华》这本书中，有一个很吸引人的段落，普鲁斯特将巴尔别克大饭店的餐厅描写成"一个巨大豪华的水族箱，在它的玻璃墙壁前，巴尔别克的工人、渔夫，还有藏在阴影中几乎看不到的小资产阶级家族，全都挤在橱窗上，为了一睹那些人在黄金波浪里慢慢荡漾的奢华生活。对穷人来说，那就像鱼儿或稀有软体动物的生活一般不同凡响（一个重大社会问题：玻璃墙是否能永远保护珍奇动物的盛宴？而在黑夜中贪婪观看的鬼祟人们，难道不会进入水族箱捕捉它们，将它们一口吞下？）"[2]。

谁没经历过类似的场景？在欧洲一些海滨度假胜地，可

---

[1] 法国小说家兼剧作家勒纳尔（Jules Renard）。
[2] 普鲁斯特，《在少女的花影下》（À l'ombre des jeunes filles en fleurs），七星丛书，Gallimard 出版，第一卷，第 680—681 页。

以看到游客围绕在私人游艇旁,睁大眼睛注视那些亿万富豪,身穿短衫,轻啜着清凉的饮料,无拘无束,自在得不得了。这是因为富裕本是一场展现开来的景观,让人赏心悦目,欲望愈来愈强,妒忌也愈来愈深。仿佛有钱人也需要被那些一无所有的人肯定,应该见到什么都一把抓住,甚至包括经过全民同意的假象。

在很长一段时间中,我们社会上那些世家名门代言着生活品味、美和礼仪的结合:他们不仅不受需求限制而已,他们还将人类引领到一种过分讲究的荒诞境界,甚至到了令人难以想象的地步。与这种意象平行的,还有另外一种老掉牙的说法:大人物的不幸。有钱人将会感到无聊;因为他们无所事事,终将不敌空虚:成天忧心忡忡地寻觅新的快感,否则不知道该如何打发这段时间。他们心不甘情不愿地为引人侧目的财富付出代价,既不幸又罪有应得。不幸,是因为没事可做;罪有应得,是因为他们是寄生虫,依赖辛苦工作的人。游手好闲本是他们的骄傲——只有平民才要受劳力苦工的惩罚——却将变成一种恶报。这些"没有消遣的国王"将因为空虚而在黄金堆和奢华的排场中渐渐死去。这虽是理所当然的老调重弹,但我们不得不承认,这种说法让走投无路的人能忍受自己的困境,因为主宰他们的人的状况更惨得多。根本不需要去羡慕或推翻有钱人,因为那些人已活在地狱中!

到了我们这个时代,这两种无稽之谈宣告终止。一方面,有钱人并不可怜——就算可怜,也与他们的银行帐户没关联,而且他们根本不觉得做错了什么。有人在晚间新闻中看过哪一个百万富翁跪下来乞求原谅吗?另一方面,无聊不问阶级,现在早已扩散到工作世界,即使忙碌不已,也不能保证不呵欠连连，而事实就是如此。就这方面，失业有许多败坏人心之处，其中之一也许就是，将劳动者在繁华时代失去的光环戴回他头上，即使他鲁钝痴呆至极。我们的社会执着于全职工作，无论如何都要让人们有事情忙，并提倡薪水阶级像奴隶般忠心付出，完全不问这种劳碌的品质。所以工作过度成为一种卖弄权势的表征，而就在劳动阶级极度渴望悠闲的同时，那些所谓悠闲的阶层变得辛勤不已，宣称自己一个星期工作六十到八十个小时，而且将负荷量飞快往上调，当成显示他们优越程度的指标。

以往金钱集中在少数人手上时，似乎就等于全世界所有的美妙奇迹。后来，舒适和安逸普及到大多数人身上，这个现象排除了贫困及巨大的财富。可能性大开，每个人都有机会致富，或更少可以尝到优渥生活的滋味，这也加速了欲望的成长，而过去那个辉煌的世界却也变得平凡无奇。现在，有钱人是成功致富的穷人，尤其是当我们看到那么多年轻一代，乘着新兴科技的热潮，三十岁就成为百万富翁[①]。我们持续窥伺权势人物的生活，开始怀疑幸福是不是特别挑选降临在他们身上。我们可以赞叹他们的毅力，他们的大胆果决，将他们推出黑暗走向光明的绝妙点子，他们对征服开发的勃勃野心，和他们掌握发财时机的眼光直觉。但是，我们从他们身上汲取不到我们憧憬的养分。比方说，谁会去觊觎法国

[①] 这种现象称为"百万美金奶娃"。九〇年代初期，英国约有 7000 个百万富翁，到二十一世纪时，人数大约会加倍到 14000 个(《国际邮报》[*Courrier international*])，1999 年 10 月号。根据一位美国作者所做的统计，在矽谷每天有 64 个百万富翁全新出炉(卡普兰[David A. Kaplan],《矽男孩和他们的梦之谷》[*Silicon Boys and their valley of Dreams*], William Morrow Company 出版，1999)。

和美国的大资本家，或生活跟公务员差不多有趣的企业龙头？这类有秩序、有条理、随心所欲的婚姻或家庭生活，比起任何一个小职员的日子，根本没有什么可羡慕的：那些人并非真正大方阔气的权贵财主，只是握有丰厚财势的小资产阶级，说得明白些，就是面善心恶的老狐狸。

我们之所以不再向往普鲁斯特笔下的"珍稀动物的盛宴"，另外还有一个原因：人想发财是为了跟同类在一起，进入管制严格的小圈圈，在那里，有钱人以形象和战绩作为武器互相攻击。富翁的第一个动作，不就是在身边布满为他们做事的下人，在自己和世界之间安插一大群媒介吗？这是基于可见度和隔离两项原则。由于身份地位，他们对礼教和道德规范有一定的责任，所以他们与传统维持着忠诚的关系，却与其他事物疏远了。每次攀登到金字塔的顶端时，除了几个行事迥异的例外，最常衍生出的是纪律和守旧因循：戈沙式战机（gotha）的轰炸目标就是少数民族犹太人的集中区[①]。更别说他们怕人家不爱自己，爱的只是他们的银行账户，害怕成为淘金者的目标；那些探挖金矿的男女，对猎取亿万富翁最是在行，跟他们结婚，目的就为了跟他们离婚，造成大轰动，借此榨干他们。这就是为什么那些富豪巨子的住宅即使再怎么气派辉煌，看起来也都像是贴了金砖的地狱，尤其是像在中南美洲的那些富翁，不得不设置重重屏障，把自己关在铜墙铁壁之中，担心遭到攻击甚或绑架。他们永远少了创造性空间和享乐场所的那股吸收力和开放感。有钱人认为绝对要遵守的是，永不踏出他们所居住的地区，不随便跟人

---

① 根据米歇尔和班松—夏洛（Monique Pinçon-Charlot）针对巴黎西区的传统中产阶级所做的精辟分析：《美丽的街区》（*Dans les beaux quartiers*），Seuil 出版，1989。

来往，把意外访客关在门外；这些在我们看来简直乏味到了极点。资本世界是悲哀的，因为那不是一个交流沟通的世界，而是一个大门紧闭的世界。仿佛金钱这个贪得无厌的神明，之所以必须日夜不停进出，只是为了把拥有他们的人固定得更牢，弄成化石一般，让他们动弹不得。

若说现在还有令人向往的阶层，可能得往边缘去找，那些感染力强的少数族群，过去被放逐隔离，而透过他们的文化和音乐等等，让多数族群愈来愈紧张。中产阶级的某种包法利性格（译注：出自福楼拜的小说《包法利夫人》，她嫌恶平凡，梦想追求个人幸福）迫使他们走向别处，有时候游走在合法边缘，去寻觅那在镜子里已经不再出现的颤栗感。边缘力量的异乡色彩，使它既危险又吸引人：它违反规则的方式，让它避开了周遭的统一制式。基本上，一个社会愈能创出不吸引超级富豪的生活模式，就愈有活力。而在法国二十世纪几个摆脱束缚的重大时期中，官方版的幸福（也就是说当道的保守卫道主义），都被贬低价值，取而代之的是其他的集体生活方式。

费茨杰拉德，或有钱人的救赎

爵士乐、琴酒、好莱坞、蔚蓝海岸、派对、美、精神、青春；然后是酗酒、疯狂、悲惨、失败、流浪汉增加、精神疾病。费茨杰拉德（Francis Scott Fitzgered）的整部作品，随着一条令人惊叹的不归路，在这两种极端间摇摆。他悲剧性的一生从一开始便已注定，深植于一种既疯狂又无法避免的信仰之中：有钱人是上帝的选民，而且在人类中形成一个闪亮的名门阶级，凡是走近他们的人都会有危险。在费茨杰拉德的作品中,衰败伴随对荣耀的梦想而来;幸福是被守在沉重大门之后的宝藏,人人都想打开这扇门。但是,如果不是出身良好的话,没有人能做到;擅闯者自以为已登堂入室,但挫败却极为残酷。甚至爱情,特别是爱情,对那些想僭越严苛阶级制度的人们而言,爱情是最厉害的幻觉。因此,女性的美貌是一项模糊的承诺。那些魅力十足的女继承人,如果你能诱惑她,将使你远离黑暗王国,进入天堂;但她也会第一个驱逐出身卑微的求爱者,将他们赶回自己阶层。那位声音"充满钱的质感"的漂亮女主角,被他描述成:"她的一举一动在在显示,世上的美好事物都属于她,那是她天生拥有的权力,且不容许让渡给别人。"这也为那个绝不容许任何不门当户对的婚姻圈子做了最佳示范;在那个圈子里,世界上的盖茨比(译注:费茨杰拉德名著《了不起的盖茨比》的主人公)都受到热烈感谢,因为他们娱乐了舆论大众。结论毫无商榷的余地:"癞蛤蟆别妄想吃天鹅肉";一旦"人们被带出自己的世界,无论之前如何虚张声势,都会立刻被迷得晕头转向"。

　　因为对费茨杰拉德来说,钱是一种神赐的护身符,也是社会和精神的屏障;而穷人应该受到处罚,光是身为穷人就有罪,因为他们鲁莽,竟然有胆在世界上立足。预告中的灾祸隆隆作响,在有钱人的冷笑之下,滚滚打落。费茨杰拉德的悲剧,他的"精神分裂",全都在于他对金钱那种顽固而幼稚的信仰,把钱当成一种获选的象征;在于他看待加尔文的浪漫眼光,认为命中注定和失败并不相同。悲惨贫穷是一种惩罚,总而言之,穷人的幸福是非法侵占,因为只有富人才拥有享乐的特权。因此,在费茨杰拉德笔下,恋人间的误会与热情或感觉并不相干,误解来自社会经济方面。而面对百万富豪和他们的钻石矿山,遭到回绝的人走投无路,只能借着酒精来淡释羞辱。

费茨杰拉德的作品是一则美式生活的精采寓言，反讽美国人对绿钞的疯狂崇拜，那是二〇年代和经济大恐慌时期的作品。但现代模仿费茨杰拉德的人，跟他一样对有钱人的权势深深着迷，显示了这种想法始终那么根深蒂固。如果在大西洋对岸，如某些人所料想，中产阶级受到倾轧，留下一群生活优裕的人和家徒四壁的人互相对峙；那么，十九世纪的美国，或许现在的欧洲也是，就跟费茨杰拉德的小说天地很相似：那是一个冻结在美金——这区别获选者和被弃绝者的神圣印记——这个冰冷神学中的世界。

令人喜爱和令人讨厌的事物

事先声明，我们并不想引起不必要的争论，但对一个社会而言，金钱也可以说是一种"必要的邪恶"，前提是它的声势能被阻止控制。因为它消灭所有与出身、社会地位有关的阶级制度，只有一种除外，那就是无法超越的金钱阶级。首先，对那些大肆宣张自己轻视金牛的人要特别小心，要知道，他心里一定爱羡得很，脑里只盘算着如何去把别人的钱抢过来。钱财有个好处，它是一种保卫个人自由的手段，能"消毒所有人情牵扯的社会关系"，取得一定的独立能力。无论从前或现在，多亏了金钱，那些受迫害的民族在颠沛流离中存活了下来，成为与丧国流亡的人长相左右的临时国度。总之，就像斯宾格勒所写的："一个高度发展的文明无法脱离奢华和财富"，而历史上那些资助文学艺术的大金主，从美第奇家族（Medicis）到罗斯柴尔德（Rothschild），到卡门多（Camondo），到沛海尔（Pereire），他们所扮演的伟大角色就是，将低贱的铜臭转变成艺术品，也就是说，化身为一种美丽高贵的形式。天下最丑陋、最变态的，莫过于某些基督教学者对贫穷的夸赞，仿佛贫穷本身就是至高无上的美德。让人承受痛苦的贫穷是可恨的，不但害人一无所有，还招致轻视屈辱，让人因为羞耻而更不知该如何自处。在所有状况下，钱财都该被分到"令人喜爱"（塞涅卡）的那一边，如果命运让你有机会拥有它，就可以取来使用。

尽管中伤诋毁它的人不以为然，但金钱的存在并无不当之处，错的是它的数量太少，错的是它被少数人垄断。钱几乎是人人都缺的东西，而它最大的问题在于分配不均（有种不好的预感警示着我们，在已开发国家中，贫穷可能永远也无法被打败，因为有钱人已不再需要穷人就可以致富。以前劳动阶层工作可换来老板的财富，这种主从关系已被创新和在"新经济"有利可图的领域中探勘所取代。以往被压榨是一种不幸，现在这种不幸变得更糟，因为连被压榨的价值都没了）。所以，应当重回老祖宗的理论，同意亚里士多德所说的：美、富裕和健康都是对良好生活有益的附加品，虽然这些东西与美好生活不能混为一谈。"没有人阻止贫穷可以有智慧，"塞内卡又说，"……我对富人王国也嗤之以鼻，但如果可以选择的话，只要它能给我的，我都会拿走。"即使臭铜钱是世界最肮脏的东西，把一切事物商品化，连人类也不放过；即使应该时时记住品德和感情是买不到的，"金钱不存在的世界，这个乌托邦的确是现实世界所需具备的理想，但若以它为基础，把它当成社会秩序的准则，那将充满危险"（柯拉考夫斯基[Leszek Kolakowski]）。是不是该更进一步说明，二十世纪末，发生在阿尔及利亚、卢旺达、帝汶、波斯尼亚、科索沃、车臣等地的重大屠杀事件，与财政经济的关联不大，而是源自于对宗教、种族、身份认同和帝国皇室的狂热?

无止境的虚拟

做出这个假设之后,还必须承认一个最基本的麻烦:我们无法轻视金钱,却也无法尊敬金钱。钱与幸福的共通点是:它们两者都抽象,并潜在地代表所有可能的享乐。有了钱,我就处于拥有物品的虚拟状态,却不会被这些东西的实际体积重量填塞。在这之上,还应该加上赚钱的乐趣,这常常比有钱能用还幸福,是一条幸福的捷径:兼程赶路,过站不停,借此囤积一大笔储蓄。赚钱过日子是一重担,快速致富却是一场类似狂乱激情的游戏。不过,给自己一种自成的生活模式,借以替代所有幸福,这是金钱所隐含的危险。当钱跃升为备受崇拜的对象,成为终极目标,它是那么的让人渴望,结果让所有其他东西都失去引人之处。金钱的力量和悲剧就在于障碍的扫除;它粉碎障碍,让一切目标都能立即达成,但这种无时不有的潜力却造成冷淡无所谓的后果。过度想紧紧抓住,最后却只落得空;人们陷进一种矛盾的失落,无论什么东西都不肯去享受。

我们晓得有些可笑荒诞的富翁,已经没有时间去花掉他的积蓄;有些人发了财,拥有太多财产,结果对世界已经过分饱足,活在丰足富裕之中,却欠缺快乐。他们甚至希望自己受点挫折,好从零点重新出发,再度展开攀升社会地位的惊心动魄大历险。这些人,就像人家说的,拥有一切能得到快乐的东西却不快乐;因为他们拥有一切,所以等于什么都没有,他们的欲望四处飞散,不集中固定;他们一直受着什么吸引,却总是因另一个幻象而失望。他们已不再有成功的可能,所以只剩下失败的可能,只可能在深渊中黯淡失色,就像那些一帆风顺的大王朝,因为过于顺利而招致不幸灾难。用金钱来说明以下的吊诡再恰当也不过了:所有为得到幸福而安排的方法也可能反使幸福溜走。由此,至少在美国,对利益的疯狂追求已成为一种集体狂热:"最勤劳的时代,也就是我们这个时代,我们这一代不知道如何运用劳力和金钱,只会再造出更多的金钱和劳力。"(尼采)

在我们的社会中,有一条非常细微、几乎看不见的线,对以金钱为目的和以金钱为手段做出分野;而消费主义和广告所做的一切努力,就在于让这条界线始终保持模糊。于是,至少对最富裕的人如此,人们进入了"以消费为傲"的境地。这是美国社会学者维伯伦(Thorstein Veblen)描述在第一次世界大战前上流中产阶级的形容词,诸如洛克菲勒、范德堡(Vanderbilt)之辈。别墅庄园、游艇、漂亮跑车、豪宅:这些人一心一意要跟同阶级的其他人竞赛,就算不能眩惑他们,至少也要能与他们匹敌,也就是说,让他们受不了,只要有人比他们成功,他们就会嫉妒得发狂,而且还存心藐视那些生活水准难以追上他们的人。当一个企业领袖口袋里赚进比员工薪水多出一千到两千倍的财源时,他所彰显的不是自己的能力和功绩,而纯粹是希望他的"报酬"中含有强大的反馈能力。那时,他的喜悦来自于一把席卷了别人所得不到的东西,而且让同伴目瞪口呆。这种竞争的不幸,就是一定会有人比自己富裕,永远有一个金融巨头,他的光芒使你相形失色,在《福布斯》或《财富》等杂志中的排行榜总是在你前面,而且他的财产数字让你吃一鼻子灰。在银行存款增加的同时,挫折感也愈来愈深;人们不为自己赚的钱高兴,反而乐于看到别人的收入膨胀得更快。因为在这方面,必须仔细区分有钱人、超级有钱人和极端有钱的人,他们并不属于同一个等级。因此贪财者才会如此冷酷乏味,他们不把钱用在集体利益、思想或艺术上,而且让人觉得他们已经失去人生所有的目标。

俭朴的新风气?

毕竟,人的一生中鲜少有哪些时刻,金钱保持完美均衡的流畅性,手上握有足够的现金,花钱的时候不需考虑,想想明天。当人们忘记钱的存在时,它便带来生活的喜悦,就让它这样消失吧! 不要妨碍合理的拥有和精神的自在放浪。不依赖金钱,那是明白就算有更多的钱,生活也不会改变。但是大多数时候,每个人都斤斤计较钱的多寡,即使富可敌国的大富豪也不例外(有钱人的贪婪,活在丰足余裕之中还要担心不够,这种病态真让人吃惊:就像加州石油大王盖提〔Paul Getty〕,在他伦敦的家中装设了客用的付费电话,而且从不第一个离开会议,以免自费搭计程车)。大部分时候,对大多数人来说,金钱好比毒品;最初是用来解决我们所有的烦恼,然而却变成挥之不去的大烦恼,金钱的本身就成为一种目的。缺钱,我们辗转难眠,钱来了,又受它缠绑牵累;就是没法与它形成一种正常关系。对钱的胃口那么的霸道,以至于乐趣变得难求,甚至不可得。这就像贝罗斯(William Burroughs)说自己从吗啡中所学到的一样:无法被满足的欲望会让人永远得不到享受。当金钱高出一切,且变质为反复思虑的对象时,这种对钱的狂热就是悲哀的。而金钱所引发的疯狂行径(在某些诈骗的形式中我们可以看到),源自于对大数目的浪漫情怀:在一个锱铢必较的世界里,享受就是能做到大笔大笔地计算投入的资金。到了一定的时刻,过分的精打细算将毫无意义。人们摆脱了对利润的渴求,在无底洞上方手舞足蹈,陶醉在数字的诗意中,连股票市场都变成一座繁茂数学的殿堂。跟网络一样,钱是一个不断扩张的星团,人们永远不放弃在其中探寻新星球和另一个宇宙。

换言之,倘若没有人能夸耀对钱完全自在,那是因为钱并不可靠,它能为博取我们的欢心而效力,也可以违反我们的意愿跟我们作对。所以,不该再哄抬金钱的身价地位——尤其是在像法国这样的国家,对关于钱的事情仍然态度虚伪,而且一直对事业成功的人抱着妒恨——除非是为了防范钱财对我们设下的圈套。就好像大西洋对岸,在财富和贫富差距持续扩大的状况下[1],兴起一股俭朴的新热潮;在信用体制、事业忠诚及名义上说是适度经营需求,实际是对遗产的痴迷执着,对于这些,他们一概摒弃[2]。但这只是单纯的过渡效应,短暂的悔恨,不久后又将重返据为己有和花钱消费的

---

[1] 根据美国的一项研究,二十年来,美国境内的收入差距不断扩大。从1977年以来,在社会阶层顶端,有十分之一美国人的收入暴涨了115%;而同一时期,在底部也有十分之一的人收入减少。中产阶级的资产只增加了8%(《世界先锋论坛》[*International Herald Tribune*],1999年9月6日)。中产阶级的人慢慢消失,逐渐无产阶级化,这明白地为民主政体划下了句号。而在这个体制内,中产阶级也为如同脱缰野马般、失去一切平衡重心的资本主义奠下基础,赢得胜利。
[2] 波兰(Stephen Pollen)和雷文(Michael Levine)合著的话题书《破产而死》(*Die Broke*)正是一例。作者是金融分析家,对二十一世纪的成功管理做了以下建议:剪掉你的信用卡,用现金付款;开始一份新工作时,脑子里就打好辞职的主意;永远不要退休;尤其一定要破产再死,趁孩子年轻有需要的时候,就把财产分给他们;为了你的后事,开张空头支票给葬仪社……。这出自一位投资教主之笔,像这样的书真实地表现出,在面对企业缩减的政策时,美国部分中产阶级的梦已幻灭;而此书的问世似乎也显示,在那个体系内已产生了一种叛离。

狂欢酒宴，而且更为变本加厉？或许吧！然而，就在金融系统正中心，人们对其稳固性产生质疑，并诉求让生命焕发活力，而不再受物质主义和人为制造出的贪婪所奴役，这仍是一种征兆。问题的症结在于：我们准备花多少代价去得到钱？又打算赋予它什么样的地位？如果我们不愿像先哲所说的，被自己拥有的东西所拥有；如果能满足热情喜好，增进真实的情感及精神生活，而非欠下还不清的债务的话，那么最好还是节制金钱的开销。

　　然而，当务之急是重建社会阶级，并用文化、美学、心灵等其他财富资源来取代沉甸甸、叮当作响的现金。有时候，即使好大喜功追求荣华富贵，即使是虚荣心，都比利益的诱惑，比它必然导致的庸俗来得好些。而上个世纪在法国所发生的各起重大动荡事件，包括1936年和1945年，威力不仅在于将社会大饼重新分配，更为大多数人创造了新式富裕：休闲时光，诗歌，爱情，解放欲望，改造日常生活的主张。光是在极度的匮乏中节制是不够的，应当四处去发掘难以金钱计算的财产，不受利益规则拘束，延续大革命时代人人共享奢侈的古老梦想，让最卑贱的人也拥有华美。今日，所有鲜少发生的可贵事物中都含有奢侈的成分：与大自然心灵共鸣，宁静，沉思，久违了的缓慢步调，不按规律节奏生活的乐趣，充实知性的闲暇时光，享受精神方面的伟大作品，这些特权都不是金钱买得到的，因为它们是无价之宝。因此，在承受痛苦的贫穷反面，我们可以提出一种选择性的贫穷（或不如说是自愿性的节俭），这完全不是一种穷困的形式，而是重新定义个人事务的轻重缓急。或许可说是放下一切吧！舍弃安适选择自由，抛开专横的社会地位，然而，为的是一个更开阔的生活，为的是回到基本所需，不要囤积金钱财物，就像它们是可以围堵焦虑与死亡的可笑屏障。总而言之,"凡是贵重的都珍稀难求"(斯宾诺莎),真正的奢侈是能创造自己的生活,主宰自己的命运。

星星的殒落

为什么我们会抱持着不健康的好奇心,想对那些所谓的明星的情感生活、决裂和死亡探个究竟?因为这些人不比寻常,他们只要出现就引人注目,而我们即使不认识他们也能认出他们是谁;任何禁忌极端都无法约束这些人,他们受到景仰,之后终将回归平凡。来自社会各界的欲望几乎全部凝聚在他们身上,这些明星的作用原本应该是将我们从单调的世界中拯救出来;然而,一阵骚乱之后,他们只不过更加巩固了世界的单调。而专门报导桃色新闻的八卦报章之所以存在,就是为了使读者安心,肯定他们的想法:认为电影中和演艺界的王子明星具有双重价值,既是幸福的化身,也是读者本身难以达成的理想典范。于是当我们看到明星们也受到跟我们一样的痛苦打击时,疼惜之中带有乐趣。

这些快乐的少数本来应该升华我们的人生,化解我们那些可笑无聊的庸人自扰。他们证明了即使是上流名门,仍没有人尝过至福的滋味,那是亚里士多德说过的,唯有神祇才享有的特权。然而,"将死之人有多快乐,一般人就有多快乐"。总之,秘书小姐也可以像个公主一样,一生高潮迭起;而公主也可能一辈子像个家庭主妇般,生活规律,家事永远做不完。这就是民主制度,古代王室穷奢极侈的夜夜笙歌和荒淫无度,今后任何人都可以享受得到。透过辛辣毫不保留的媒体,我们确认这些明星跟我们并无两样,我们既是宽心,又感悲哀;所以这些媒体也构成一种抑制欲望的机制,表面看起来虽然毫无价值,其实顶替了一个重要的角色。置身于闪耀浮华的名人殿堂中,明星或许不会一生默默无闻,但他们也跟我们一样会沮丧灰心,寂寞孤独,年华老去(在某些报章中,美艳女星的花容月貌逐渐消逝,这是必定出现的修辞,且遗憾的语气中带有一种残忍心态)。好比选举政治人物一般,我们选拔出明星之后,也一样地对他们冷眼旁观、三心二意。我们对八卦细节的喜好根源,并非如人所说的,来自精神错乱或剥夺失落。我们对名人的崇尚,很矛盾地,是直接源自于民主平等的进步。

第四部 厄运是违法行为？

10　痛苦之罪

　　请帮我消除痛苦,但请把它保留给我,好让我生存下去。
　　——病人对治疗师说,《法国精神体质学刊》第十五号

　　在一本于1872年问世的小说中,巴特勒(Samuel Butler)想象有一个国度叫做尔修文(Erhewon,英文 nowhere 的乱序拼法变名)。这个国度谁也找不到。在那里,生病等于犯罪,会受到惩罚:一点儿小感冒可以让你被判刑坐牢。相反,谋杀则被视为得了一场病,应该得到关怀照顾。带着敏锐的先见之明,巴特勒甚至详细解释说:对于死亡和哀伤,例如失去了一位亲爱的人,将以重罪处分,因为哀愁的人就是让自己忧伤的元凶。对某位肺结核病患,法官对其判决做出如下解释:"您可能会辩驳说您不能对自己的出身和所受的教育负责。而我的回答是:您的结核病,不管是不是因您的错,总之错在您身上,而我的义务就是保障国家不受这类错误侵害。您可以说您变成罪犯是运气不好的缘故;我呢,我必须反驳您说:运气不好就是您的罪过。"

绝妙的讽刺。而二十世纪的下半叶确实印证了这点；因为相较于其他时代，这个时期朝否定不幸和"禁止死亡"的方向跨出了一大步。仿佛整个时代都想证实哲学家阿兰说得有理，这位第三共和时期孜孜不倦、称颂乐观主义的哲学家，在前文曾引述的《论幸福》一书中，否认所有极端痛苦的事实。就像伊壁鸠鲁的看法一样，他认为这些事实根本不存在，不可能感受得到；"恐怖令人昏昏欲睡"，而死亡的侵袭只在瞬间，没有任何想象或害怕的空间。对这种变魔术般神奇消失的说法，阿兰甚至不带任何嘲讽之意地强调，一个将走上断头台的人"并不比我来得可怜"；他只要想想别的事情，"数数囚车颠了几下，转了几个弯"就行了。至于帕斯卡尔在面对无限星河时发抖，"可能是因为在窗口着凉而不自知"（阿兰原文）。

残渣的蔓延

打从启蒙时代开始，我们的社会就将重心放在把幸福根植于人间。从那时候起，我们在目录的空间中进展，无止境地结算清单上该拔除的不幸。然而，痛苦就像神话中的七头蛇，我们愈加以围剿，它就愈长愈多；痛苦的清单每天增长，而且狡诈地回溯到久远时代所允诺的幸福旧帐。在很长一段时间里，革命运动喜欢把对死亡和孤独的不安所产生的烦恼，说成是无聊的空穴来风，而且对所有胆敢昭示这种不安的学说皆嗤之以鼻。只有推翻社会经济结构和被剥削者执掌权力才是重要的。一旦资本主义和所有不公平的祸源被推翻，一个为人类设想的新世界将巩固形成。在那里，痛苦将渐渐退去，就像退潮时沙滩上的海水一般。正如众所皆知,这则美妙的盘算已经破灭。事实上,社会主义不仅在施行之处增加了穷人的数目,而且把所有违反人类生存环境的问题都搁置在计划阶段,认为这些是"小资产阶级"的问题。

然而,面对同一个课题,自由民主派的态度虽然比较审慎,却也同样模糊。虽然相较于革命的急促节奏,他们倾向于长时间的改革;但是他们对于科学、技术和物质进步的神奇结合怀抱梦想,希望能在集权主义失败的地方获得成功。而在二十世纪的下半叶,欧洲呈现出一种狂热激情、毫无节制的乐观,凡是提到与不幸相关的,都被视为古板过时,甚至龌龊下流。我们这个时代为对抗不幸提出了下下之策:沉默。上古时代,人们希望能驳斥痛苦①,基督精神赞颂痛苦,而我们则一概否认痛苦,将它视为洪水猛兽,甚至不愿去想象痛苦竟可以真实存在。

因此,哀悼、痛苦、疾病在现代世俗意识形态下都成为最不可思议的现象,而且在一个向前迈进的社会中,得了"残渣"这个不怎么光彩的封号——它们是犯规事件,是不能说也不能显露出来的事——每个人该想办法自己解决。然而,痛苦并未消失,只是被禁止公开露面(除了文学范畴之外)。我们必须揣摩活力十足和心情绝佳的样子,希望被掩盖住的

---

① 苏格拉底说:"对于善良正直的人,他的一生中没有任何苦恶,死后也绝不会有。"伊壁鸠鲁说:"死亡并非为我们而存在。"伊壁鸠鲁又说:"智者受苦时面带微笑。"芝诺说:"除了罪恶和耻辱之外,其他痛苦都不存在。"爱比克泰德说:"宇宙中没有苦恶的位置。"爱比克泰德又说:"别要求事事如你所愿。但求事情该如何就如何,那么你就会快乐。"在《图斯库卢姆人》(*Les Tusculanes*,译注:Tuscculum 位于罗马东南,是罗马共和后期富有人家的疗养胜地,西塞罗在此建有别墅)一书中,西塞罗对那些诡辩辞令表达不满,并重新肯定痛苦的事实。打造一个神圣不可侵犯的神坛,世界上所有苦难都无法破坏,这曾是某些古代哲人和东方智者的心愿。

伤心最后会自动消散。面对伤心，我们不知能说什么，何况我们自认为透过市场逻辑、性事上的苦恼与贫穷，我们便持有一种涵盖人类所有痛苦的完美解释，能证明伤痛只是一种武断邪说。我们把悲伤从言语中驱除，就像对不幸的人、伤患、临终之人避而远之，因为他们动摇我们的偏见，"破坏气氛"。对于奉青春、健康、玩乐为无形偶像的我们而言，那些人若是接近身边，我们便惊惶失色；只不过瞥见他们一眼，我们就会崩溃。大家知道，自托尔斯泰以下，痛苦变得肮脏，死亡令人作呕；十九世纪以体面合宜之名[①]摒弃痛苦，二十世纪以享乐为由将它排除在外。但是，无论是以礼教或享乐之名，痛苦仍然是最让人难堪的遭遇。

　　幸福的可怕盲目导致它到处只看到自己的幻象，并妄想成为唯一算数的说法。但就如同消费世界中的残渣终将吞噬所有的空间，并在我们脑海中残存各种恶心的模样；痛苦由于无法表达，所以也开始蔓延，并加深我们对自身脆弱的意识。痛苦看起来像被扫地出门，其实却被我们神圣化了，成为一种禁忌、一个我们社会中的灰色地带；它整个爆发开来了，就像一股抑制过久的瓦斯气体，钻进社会每一个毛孔里，占领了令人意想不到的地盘。因为无论是在工作上或日常生活中，无以名状打击我们的苦难，都无法被其他人所接受，而最糟糕的是，必须以相同方式忍受两次痛苦（同理，阿利埃斯[Philippe Aries]说，丧葬哀悼时不肯流泪悲伤，会加重失去亲友所受到的打击）。在二十世纪下半叶中，西方社

---

① "他看得很清楚，迈向死亡这恐怖的行为，已受到周遭人们所不齿，可比一次暂时却极为失礼的不愉快（有点像面对一个走进大厅、身上气味不太好闻的人）。"出于托尔斯泰著作《伊凡·伊里奇之死》（*La Mort d'Ivan Ilitch*），Gallimard 出版，第 129 页。

会的错误就是给人们一种荒谬的希望,以为一切苦难皆可在短时间内消失:饥荒、贫穷、疾病、老化,都将在十年二十年间消逝,而站在三千年大关之前的,将是已把昔日灾祸洗净的人类,因已除去最后一粒地狱种子而骄傲。依照美国知名评论家桑塔格(Susan Sontag)意味深长的说法,欧洲应该是唯一不会发生悲剧的地区(而每隔十年,每过一个世纪,同样自我陶醉的誓约又将发起,同样乐此不疲的希望:国界就要消失,饥荒将受抑制,监狱都要废除,疾病会被控制等等)。

结果,这则神话不仅没实现,而且就某种角度而言,它反而强化了本来应该灭除的部分。教会所鼓吹的顺从文化和中产阶级(特别是十九世纪的中产阶级)会受到苛责不是没有道理的。当努力和坚忍被视为准则、原罪或折磨的代价时;享乐则被视为珍品,一座被包围在高墙中禁止人们踏入的深深庭院。然而,当享乐主义被奉为绝对价值,死亡和痛苦就变成纯粹的荒谬,是对我们的权利不可原谅的侵犯。死亡与痛苦所引起的破坏,不但加深自身的无用性,更令人悲伤心酸。由于人们对于痛苦的长久存在已经不耐烦,所以他们让我们以为,痛苦与死亡不久就会消失。"让我们承认苦痛的存在,不要否认生命的丑陋面,以免在其中又添上这荒谬的自得意满。"伏尔泰早已如此说道。在此重现已论述过的吊诡:自从我们的社会全心关怀幸福之后,就绝口不再提起痛苦。而经过一种诡异的颠覆,原本应该没有任何名分的痛苦,竟占了难以估计的地位,老实说,它占据了最重要的位置。

看看"不幸"这个字眼在今天享有怎样的阴森光芒。面对它,全世界都得低头;那是一张开启内心的通行证,暂停所有的审判,原谅一切失职。密特朗是个天才,在逝世好几年前就将自己的死亡搬上台面,透过这种手段,将他执政时期的谎言与疏失瞒天过海。在永恒的门槛前忏悔告解,而且勇敢地对抗以前不小心得到的致命疾病,那是在减轻供词的效应,酝酿新揭发的事实,以便堵住评论家的嘴。发言的不是国家领导人,而是一个黄泉幽魂,顶着一张苍白的脸对我们说话,借着承认所作所为,将年轻时的懵懂、当元帅的野心、利益勾结的情谊一一扫净。若说一般的临终是最好的典范,密特朗的临终则充满宽恕,而且让古老的社会主义王朝、那些诈欺专家,能拿他当下所受的痛苦当挡箭牌,为其过去犯下的错误道歉。令人赞叹的托辞,虽然冲撞着道德和民主的原则,但值得被所有剧作家当作一个学派来研究[①]。

　　由于痛苦长期被置之不理,且遭政治言论尴尬剔除,所以它重整地盘,声势浩大地重回人间,取得一种令人生惧的神圣地位。痛苦一点儿也不下流龌龊,它就在舞台上,而且只要一出场,就绝对出色。对那些敢有求于痛苦的人,敢将所有污点公开的人,普通的道德规范已不再适用。因为面对不幸时,民主具有双重价值:民主否认不幸,但在面对不幸时,它的法规基准不断更新。首先,民主的重大决策都是负面的:消除悲惨贫穷,终结不平等,对抗疾病。明确指出想努力消除的苦恶,难免是一种矛盾。如果受苦的人为法规开启权利,并奠定法规的存在基础[②],那么他们生理或心理上的痛苦,将渐渐成为所有事物的分寸。想消除它,首先必须给它一个名字,让它存在。从启蒙时代以来,现代性就是"无法承

[①] 关于各国元首和密特朗的临终时期,请参阅 Gallimard 出版的人种分布比较论文,集结于胥利亚(Jacques Julliard)主编的《国王之死》(*La Mort du roi*)。

[②] 波利耶(Jean Poirier)主编《痛苦与法律》(*La Douleur et le Droit*),集体著作,PUF 出版,1997。

受"这种感觉的扩张膨胀；以前看起来自然的事情，从今以后可以被想成是不公平和专制。改变的部分，不在于与前几个世纪相比，我们受到的灾祸是多是少；而是在面对灾祸时，我们持有何种态度。现代化就是无法对我们的命运打定主意。对痛苦的憎恨于是乎成为所有法规进步的源头，甚至包括对非人类生物的法令，如动物等①。而既然在旧时典型的卑微期待之后，继之而起的是欲望高涨，我们等于活在一种永远会失望的渴望中，因为没有什么能得到充分喜爱、满意和回报。由于对基督教而言，死亡是原罪的报酬，所以对我们来说，幸福，这上天为了感谢每个人出世而均赐给大家的礼物，便应该是对存在的酬赏。但野心愈是疯狂，结局似乎就愈贫瘠，而无法承受之事的范围也不断扩大。民主衍生出无穷的不满，成为被牺牲者怨叹的体制。就像一位法学家所说的，透过既定的法规，"一个对抗痛苦的庞大工会"，而痛苦又重回公共言论中；因为将痛苦视为法律之外的行为，很吊诡地，反而让它持续安然再生。在这种情形下，与常情相违地，猎人反倒被他的猎物所囚禁了。

这么一来，人们对逆境和不幸产生了严重混淆：障碍不是世界用来阻挠我行事的正常考验，而是一种人身攻击，应该对我做出赔偿。我们把痛苦看成不快，把不幸当作艰苦；只要受到一点挫折，我们就大声喊叫：这个世界根本不喜欢我，什么事情都跟我作对。痛苦和非痛苦之间的交错难以界定，于是每天都产生新的困境，就像一个人想用脚踏熄火焰，但每走一步又点燃新火苗一样。以前被认可的事情不再合

---

① 就像澳洲功利主义学者辛格(Peter Singer)那本引人争议的著作《实用道德问题》(*Questions d'éthique pratique*)所说，Bayard 出版，1997。

法,所有抑制或减缓满足心理的事物都归在厄运之列。传统的项目,像身体的劳动,或者在运动娱乐中消耗的体力,都被排除摒弃;而耗劳力的工作或辛苦的任务全留给外劳去做。然而,智力方面的努力也一样牵扯到压迫的范围,学校的问题正是如此。意图不让孩子受到任何欺负,常常借着孩子神圣自由的名义,而弃绝传授;因为学习近乎受虐,应该帮助学生尽情发展自我,而不是硬把抽象的知识加诸在他们身上……

简短言之,不幸明确清楚的一面已经消失,它侵略所有非乐趣和真正乐趣的事物,吞噬以往与它无关的状态和情感,并且日渐坐大。于是,我们失去了拿捏分寸的敏锐度,将最微不足道的不快夸大成一场悲剧。我们开始陶醉于悲壮之中,而悲壮不再是浪漫主义的一种标示自我有别于中产阶级的策略,而是机械式的哀叹,是短视的灰心哲学。当今的地狱,不知道痛苦从哪儿开始在哪儿结束;痛苦有着各种面貌,甚至连活着都是痛苦。就这样,人们以为已超越的宗教说又重见天日。

迈向新的痛苦文化?

在我写过的一本书中[①],我已说明被害者的处境如何变得令人羡慕,他们的身份有时候可以承袭而来,形成一名符其实的贱民家族,被豁免一切义务,而且享有所有权利。对黑格尔而言,极为宝贵的良心之争,已被痛苦的战争取代,而且起了正面冲突。各民族、少数团体、个人,在传统上受压迫

---

① 《无辜的意图》(*La Tentation de l'innocence*),Grasset 出版,1995。

的那些人在被指为富裕时,是如何斗争,就为了占据受害最深者的位置。这种迷惑造成一种牺牲者之间的竞赛,库尔德人、犹太人、波斯尼亚人、图西人、黑人、美国的印第安人、女人、同性恋,争相角逐至高受难者的桂冠。在我们的国家中,是如何发展出一个与权利扩张关系密切的痛苦市场,以及一种货真价实蛊惑人心的困境之说,在这之中,人人不甘示弱,展现自己最哀伤的一面。这种对不幸的迷醉,对人类力量丧失信心的后果,是如何演变成无以伦比的怨诉拍卖场,甚至也造成一般用语的腐败,我们恶心地将自己的小烦恼和世界大灾难相提并论,和毫无节制地滥用"种族屠杀"这个字眼,还有每论必提的奥斯维辛集中营;这些现象为那种哄抬之下所产生的变质做了最佳说明。

幸好,并非所有苦难皆遭如此命运。我们的假设是:西方社会尚在试验阶段,把权利当作修补工具,政治斗争充作正义因子,正在发明另一种与痛苦共处的关系,而且很可能是一种基本面的革命。第一个阶段主要在于,在排斥不幸多年之后,重新承认它是人类生存环境中的一个构件,学着与不幸共处,这样才能消灭致命陷阱,并对伤害性最低的部分加以利用。将不幸召回我们的生命中,把它重新导入日常用语,这么做是为了摆脱在它藏匿时散播出的惑众毒念,也借此让自己能一面接纳它,一面牵制它。面对不幸,我们并不缺方法;相反,我们拥有过多对策争相实践。除了前述的两种传统方法——也就是上古先哲和基督教义——之外;现代主义者则增加许多搭配感官治疗的疗法,也不忘药物的丰富宝藏,以及所有的智慧、医学,和我们这个惊慌失措的时代急忙摆在床前阅读、却不知所云的异国忏悔录。

在这方面,佛教和某些斯多噶禁欲派的思辩如下:分解问题才能解决问题。宣称我们的痴念有害,牵挂无用,我执虚幻。提倡将自我从社会的纷扰中抽离,借以获得心灵的平静和安宁。但如果相反,我们认为真实生活存在于对他人和对世界的魔力的狂热痴迷中,而非在弃世观念之内;那么,这些用逃避来解决困难的学说能教导我们的就极为有限了。如果对我们来说,最悲伤的事莫过于失去一位心爱的人,做出像伊壁鸠鲁那样的反应:"无论如何,永远别说'我失去了';而要说'我把它归还了'。你的妻子死了,她被归还了。你的孩子死了,他被归还了。"这种安慰方式简直是隔靴搔痒,除非你选择了"禁欲理想"(尼采)。在心如止水的平淡与爱恋的风暴之间,我们有权选择后者,即使我们很可能因此受到更多命运的作弄。因为爱情——如果它是最美满的幸福泉源——与幸福本身还是有所区别的,因为在爱的光谱中,含有一系列宽广得多的感受:狂喜、依赖、牺牲、恐惧、奴性、嫉妒。爱情是最狂奋也最危险的经验,它可以将我们急速推进深渊,也可以将我们一下子拉升到巅峰。它尤其要求我们接受对方所造成的痛苦,也为了他的冷漠、忘恩负义和残忍而受苦。

　　大量充沛的指标,因而造成混乱;因为对于困境再也不能妥协,所以应该假设这种妥协从来不曾存在,因为从此以后,我们处于琐碎的空间中,在那里,我们一个接一个地试探不同的路径,必要时能够加以简化。这完全是相对论:根据我们自身的信念与能耐,每个人都会设法解决自己的苦难(而大家知道社会经济的不平等对某些病症加深多大的杀伤力,对医疗资源和品质的取得又加大多少差距)。习俗已在长期的忍耐下消失,跟其他事物一样;那也许是一种不完美的说法,但至少有集体性这个优点,并强制导入一种净化仪式。而就像弗洛伊德论及精神分析时所说,精神分析的目的在于教导我们如何忍受平常生活;我们必须重新驯服痛苦,"与它比邻而居",像蒙田提到死亡时所说的;这样才能找出摆脱痛苦的方法,并尽力试着将它远远隔开。

医生和病患

再也没有比医生更多才多艺的人了,他们既是神父、巫师,又是治疗者,主宰生也掌管死。在很长一段时间中,医生的形象在两极之间摇摆不定:一边是傲慢自大的开业医师,因握有大权而飘然陶醉,一副博学多闻的模样;另一边是家庭医生,法国社会的守护神,会开出仔细安全的处方笺,并亲切建议该如何保养身体。因此,与医生之间的关系确实是"良心与信心的相遇"(波堤耶[Louis Portier]),而基于强烈的忠诚度,还有些医生几乎变成生活导师,不仅为身体注入健康,也启发精神的健全。

自从医学专精化和自由化之后,一切都改变了。在专科医生的手中,一个活生生的人不但被拆解分块,而且在每个部位专科上还有各种对手相争。这种新身份带来的后果:面对每位治疗师,人们在信仰和迷信间摆荡。医生应该什么都懂,所以没有出错的权利。有些病患深受疑心病所带来的游移式看诊所折磨,从一家医院游航到另一家诊所,只为了取得某种诊断或某种新药物。现代患者多疑多虑,不肯相信任何治疗,但是全部都去尝试:顺势疗法、针灸、智力学(sophrologie,译注:西方流行的一种身心操练术)、对抗疗法,有点像那些新信徒,几种宗教一把抓,希望能得到更多保佑。

人们对普通医学的期望愈高(今天,人们什么都想从它身上得到,包括那些不可能的事,比如说:完全治愈、战胜死亡),也就对专门医学的局限感到愈不耐烦。科学用承诺压迫为它效忠的专业人员,使这些人日渐普通化,丧失自主能力,变成纯粹领干薪的人,如果犯了错便常吃上官司,而且通常罪有应得。研究人员、学者和某些具有艺术家天分的技术精良外科医师,如果说这些人还保有崇高的声望,那么医生在许多状况下,充其量不过是个修理师傅,让机器能重新上路,直到下次故障为止。

不过,也不能确定我们就注定要忍受这种东一块西一块的医疗,看起来总像是一套铅管或水龙头开关工程的制品。还好,有时候病患对医生除了实际问题之外,还会攀点话题说,让他可以谈谈自己的苦痛,把症状放到个人的故事里诉说。于是两者之间不再是不平等的、那种发号施令的大官和唯唯诺诺的刑犯之间的关系;而变成一种交换和合约式的关系,双方都了解自己的极限,并互相尊重,试着一起做到最好的治疗。也许未来就藏在专科医生的专业能力和普通科医生的人性智慧结合中。

共同考验心手相连

这起革命的第二阶段在于,借由共同的悲剧团结所有的人类。人们不再像过去的社会主义激进派,妄想一击粉碎不幸。现在,他们希望在遭遇不幸时,能一点一点地突破取胜。一旦发生重大打击、意外、谋杀、传染病大流行,那些专门的回应机构,互助交流的委员会和协会就有机会登场。来自各阶层、不同出身的人们,在偶然的机会里,因为受过同样的伤害而聚在一起;他们都同意医学和心理治疗所能做的极为有限,所以决定团结起来,齐心抵抗他们共同的悲剧。1940年世界大战前,美国各地创立"戒酒匿名协会",后来由凯塞尔(Joseph Kessel)将该组织引进法国。这个组织最大的新意即在于改进了一种行为治疗法,主要凭仗酗酒者对自己的依赖性负起责任,有几位监护导师会从旁协助他,而这些监护人也曾经历相同的地狱,现在已经从中走出来了。借由这种方式,在引导者的监护之下,运作出最理想的自我控制来对抗纵欲无度。喝酒(或瞌药)依然是他们的生活中心,但他们却渐渐改变对酒或药物的关系。既然不能服用它,人们就谈论它,而谈论它就是为了停止服用它。他们在戒酒期间所失去的,将在重得的自由中找回,透过这个几乎毁灭我们的东西,自己和别人都一起得救。那些以为酒精是朋友、结果却被这个朋友出卖陷害的人,在这个团体的规则中找到了重建自主能力的方法。

在我们与疾病的关系中,大概有种微小却颇具关键性的东西产生了变化。就像以前一样,我们对它感到不安,逃避它,但不再让任何的外力来夺走它。不管是医药或其他方面,从此以后,我们要求在可能的范围内得到协助照顾。在这个领域中,艾滋病可说是非常特殊的;长久以来,由于无法战胜这种病,人们便满足于谴责染上它的人,首当其冲的便是同性恋和吸毒者。这些人只好凭空创出一种招式,结合社会、司法和政策各方性质,用来抵挡排斥和轻视,为了埋葬他们的死亡,甚至订出异教徒葬仪规范。这些承受着相同命运的男女,竖立了一种令人咋舌的范例,而他们的动员力量对所有其他病患应该能有正面效果。艾滋不只是重新连结了性与死之间的旧盟而已(即使在一开始时,人们根本忽视艾滋,还宣称它是对抗少数同志的共犯)。艾滋让两个无法自制的世界面对面接触:青春与坟墓,就在这个曾对所有人许下承诺,若无法给我们永恒,至少会把生命延长到一百二十岁的世纪之末。艾滋嘲笑我们那些疯狂至极的希望,重新把我们带回中古世纪的恐惧之中,因为在它之后,还有许多其他病菌躲在暗影中,等着把我们洗劫一空。然而,最甚的莫过于它打破了医药全能的神话,重新赋予"无法治疗"这个词一种恐怖的意义——在现代用语中,这是个最不适当的字眼,并在我们面对致死疾病的再现时,更加惊慌失措。

就这一点上,艾滋病取得一种特殊地位,变成一种半政治半医学的目标,并非所有的重大流行病——如果可以这么说的话——都像它这么"让人渴望";而艾滋这项传染病,因为它所引起的激动之情,因为所有对它的诅咒,迫使一切归零,重新开始。它逼得学者不得不改变研究路线,让患者不得不更换身份,让社会对目前为止监禁在秘密与耻辱中的病症,不得不另眼相看。这一切可能都是拜艾滋病所赐,在一个不知忧虑的时代,平地响起一声巨雷,让病患成为权利主宰(而非被操纵在医生手中等死的对象),成为推动社会的人物,有掌握正义的能力,就像大家从血清感染艾滋病原案件中所看到的那样;病人也会取得医生的同意,一起决定最适当的治疗方式,有时候病人甚至出席医院的行政会议。从此以后,病患对自己接受的医疗也要负一部分责任,不仅随着病情发展学到医药知识,也从少数走向多数,按自己的方式参与治疗过程。瑞士一家专为癌症儿童设立的诊所中,每天早上都有人在黑板上画一个垂死的细胞,然后教孩子们反复喊:"细胞,我要杀了你们,我不会让你们杀死我。"将个人的悲剧掺入到各种友爱的网络之后,每个人不但操纵自己的病情,也变成教导他人的老师,教他们如何去征服医药和法律知识。这其中含有一种重新适应的终极行为,一段从屈服重回尊严的过程。

因此,连结众人发起"奉献良心"行动①的,是对苦痛的分担和克服病痛的意志力。无论这些痛苦者联盟以什么形式出现,出发点的设定都相同:上流社会的哲学与传统政策一样,面对死亡时根本无计可施;而且对那些造成无能科学主义的废墟或退化基督教义的人,根本做不出任何贡献。在烦恼如何摆脱屈从及悲叹之际,这些心灵破碎的人凝聚起来,不再孤单地忍受痛苦。这么多细微的积极意念,有时让人叹为观止,有时多愁善感,努力让疾病重新为人类大家庭所接受,并且针对教会、政党和机制,勾勒出一个新的抗争组织。

受害者或超越界线的人

若说公民社会中真有一种第三力量兴起,即所谓受害者的力量②,就是那些拒绝任由自己不堪到那种地步的个人,即使体能已衰败孱弱,仍然渴望找回自由和责任感。有些人为了得到法外开恩而推说蒙受损害,自比为受害者,与真正的受害者划清界线;这些人将自己的伤害公开在大众眼前,是为了得到认同,重新被接纳。举例来说,就像那一位法国年轻女飞行员,在一次意外之后,终生都得在轮椅上度过,于是她发起了一项运动,目的在让大众承认残障飞行员的本领。这些病患认定此种弊端已到了忍无可忍的地步,必须借法律

---

① 德菲(Daniel Defert)与马岱尔的访谈〈面对艾滋〉,刊载于《精神杂志》,1994年7月号。
② 请参阅加拉彭(Antoine Garapon)和撒拉(Denis Salas)合著的《处分共和国》(*La République pénalisée*),Hachette 出版,1996,第10页。

和政策来表达他们的抗议,他们更改标准,干脆排除异己。面对政府的冷漠以及医学和心理治疗专家的多疑所构成的阻挠,他们必须对以下这个关键问题作出回答:证明给我看看,你受了什么苦[①]?那时,就只在那时候,为了提供他人参考的模范,他们会举出适用的法律原则,扩张合法受害者的圈子。

彻底的转变:透过来自血友病患、癌症患者、艾滋病患和残障人士的质问,整个社会都在尝试适应一种新的苦难,在实用主义和意志主义式的双重操作之下,把灾厄掌控在自己手中。对于大家曾达成共识的事物,他们已不再满意。那些因厄运而发生的事,此后被当成先入为主的偏见来思考,也就是说,"可变更的宿命"(卡西勒)。他们四处奋斗,在职场上或在企业中,为的是尊严,为了不让别人拿他的缺陷以偏概全(改变对残障的看法:这是电视马拉松节目[译注:十二月第一个周末连续播出两天,由法国国家电视台制作,内容是介绍肌肉萎缩的症状,患者现身说法,研究进展现况,以及来自法国各地的个人或团队,以持续发挥他们健全的肌肉为宗旨,为劝募基金所做的马拉松式演出]透过劝募对抗渐进性肌肉萎缩症的研究基金,所发挥的主要功能)。重症患者,精神受了创伤和发生过意外的人,因为他们共同的弱点而强大,面对那些目前为止仍将他们归为寄生虫或次等公民的人,充分展现了他们的自由。他们奋战,反对隔离主义把他

[①] 若想得到许可,他们的申诉必须有专业医师的客观诠释,经过临床图表和疼痛分级检验合格。关于这方面,请参考特里马伊(Gilles Trimaille)的论文〈医学性与合法性的勘验:疼痛的持有与诠译〉(L'expertise médico-légale: confiscation et traduction de la douleur),该文发表于《痛苦与法律》的第498—499页。

们视为鼠疫或噩耗的带原者。他们抗争是为了继续留在人类这个大团体中①。

微小革命

为对抗艾滋病而游行有什么用？某位哲学家提出这个疑问。谁赞成呢？那是不是也应该为对抗癌症和心肌梗塞走上街头呢②？面对这么强烈的反对，我们必须这么回答：人们示威抗议，首先是为了让自己受到重视，其次是聚集所有的能量象征性地参与，提醒社会人人都是它的一分子。在这方面，与其他领域一样，主要目的在更改受到放逐者的身份，转换成可敬的受害者（并强调可敬的公民可能一夜之间成为流放的人）。因此，解放权利的艾滋行动联盟的游行队伍，制作邀请卡式的标语牌、口哨、黑衣，像极了中古世纪的忏罪者行列，他们穿越大小城镇，目的是在提醒世人：我们都是终究要死的凡人③。现代主义在每次一面对最重要的死亡时，就端出宗教的语气。简而言之，现代的公民是一个痛苦地反抗

---

① 在一篇讨论受创后期精神紧张演变情形的医学博士论文中，杰海尔（Louis Jehel）医师提到1996年12月3日在巴黎Port-Royal地铁站所发生的爆炸事件，在五十六位受害者中，女人和小孩面对这类悲剧事件时受的伤害较大，而身体受伤并经过住院治疗的人能较迅速地扫除紧张。他的研究使得法国政府在面对恐怖事件中的受害者时，能提出更迅速有效的协助方案。杰海尔，庇卡底·儒勒·凡尔纳大学（Université de Picardie）医学院，1997年11月。
② 维杰力（Betrand Vergely），《痛苦》（*La Souffrance*），Gallimard出版，1997。
③ 尽管有人认为这个组织专门挑起事端，利用甚至滥用修正主义的论调——把艾滋病拿来与人类的大屠杀相提并论，要求为了艾滋病来一次纽伦堡大审判，并以被吹捧得像基督救世一样神圣的病患之名，进行一些可疑的活动，让人难以分辨活动的目的是在维护权益，还是想要打广告提升知名度。

其痛苦的人，而反抗的途径可以分为好几条：怨天尤人[①]、修改法律，最后手段则是，集体的或联盟式的抗争。现代公民大可以同时使用这三项法宝，但无论如何，他都必须在以下两者之间做出抉择：持受害者姿态，这样他就注定得持续活在苦难之中；或共同抗争，那会妨碍他创造新的解决方法，也会限制他诉苦的合理管道。或者他把自己封闭在创伤中，无止境地反复咀嚼阴暗下流。再或者重新建立自我，这样就不得不脱下受难者的粗麻衣，否则无法进入自由境界。夹在这两种对痛苦的运用之间，我们的时代看来是无法下定决心了。但选项仍然开放着。这些微小的革命一点也没能减轻被判刑的人的绝望，以及将死去的人的孤独。人们能够治愈某些苦痛，但无法治疗不幸本身，后者以各种新形态重生，穷追猛打，像魔鬼般敏捷精明，挑战着我们最先进的资源。每个时代都以为已经取代前一个时代，但其实只是背负了一个新的十字架。至少我们对痛苦的态度有了新的面貌，不再来自积极的乐观主义、宗教假设，或享乐主义的麻木迟钝，那些是另一种形式的投降。"拒绝战斗的人，所受的伤比参战的人更严重。"（王尔德）

爱不是同情

人们已经成功地向前迈进一大步，方法是把同情心——"这讨厌看到同类受苦的与生俱来的感受"（卢梭）——奉为民主美德，一种把全人类世界（包括动物领域）凝结成一个悲

[①] 关于这点，请参阅拉埃（J. F. Lae）的《抱怨时刻，痛苦之政治司法史》（*L'Instance de la plainte. Une histoire politique et juridique de la souffrance*），Descartes 和 Cie 出版，1996。

伤体,他的任何小伤都会对我们造成影响。施加在他人乃至于低等牲畜身上的痛苦,引发了我们的恐惧,而正是借由这种恐惧,人权才能进步。然而,当卢梭坚定地写下"所有受苦的人都是我的同类"时,无疑地,他将平等和团结互助之心扩大到所有民族和物种上。所以,在人类经验中心,他放置的是受苦,而不是享乐或欣喜。如此一来,我们也可以把他的宣言倒过来说:"只有受苦的人是我的同类"(那享受人生的人是我的敌人?)。

我们得当心充斥在我们太平盛世中贩卖过时不幸的吸血鬼,困难一发生,他们就赶来与我们如影随形,尽情享受我们的厄运。我们得当心所有以敬爱穷人、失意者和被排斥者为职业的人。在他们由轻视乔扮而成的关心之中,有一种手法将可怜人压缩到只剩下绝望悲伤,而且永远不把他们平等对待。那时,在慈善的面具下,积怨大获全胜:不幸的爱情,人类的恨意。除非他们受苦,否则他们的存在不可原谅。

"牵动恻隐之心,"西塞罗说,"原因必定来自钦羡,因为如果会因他人的不幸而感到痛苦,那么别人的幸福也会引发痛苦。"卢梭创造了一种同情心,那是实际参与他人的痛苦,所有生物的共通标记。现在,反驳他的时候到了,透过共同的乐趣分享欢乐,这样才可以亲近别人的愉悦,而不用在人家看起来比我们还快乐时,马上咬牙切齿地加以粉碎。那时,就只有在那个时候,爱的真实面貌才会放出光芒,那不是可疑的同归于尽,而是面对他人的生命时的欣喜之情。"在亲近的人的幸福中所感受到的喜悦",莱布尼兹如是说。相较于分享他人的不幸悲伤,共享他人快乐的高贵成分要多一些。

11　没道理的哲理

> 没有哪个哲学家没受过牙痛之苦。
>
> ——莎士比亚
>
> 死亡并无藏有任何奥妙。它不会再开启任何大门。它是一个人的结束。
>
> ——埃利亚斯（Norbert Elias）
>
> 教人赞叹的是，想让人们安心，只需否认事实就好了。
>
> ——布列松（Robert Bresson）

痛苦的教育存在吗？

由于以下这则著名的二选一问题，我们被伏尔泰困在《憨第德》这本书中：人类出生后，"是活在不安的悸动中，还是处在无聊的昏昏欲睡中"？所以，我们只能在痛苦的恐惧中和悠闲的单调中做个抉择。多么可怕的酷刑！事实上，我们对生命的兴趣需要敌人，与我们旗鼓相当的敌人，需要他们来证明我们的自由，却不必扼杀它。我们需要一些难关，让我们去超越,这样才能避免接受重复的失败,和无法克服不幸这两种不愉快的经验。在这之中存有一则吊诡:毫不费力就到手的财物没有任何价值(所以当某些商品真的免费赠送的时候,不但引不起任何兴趣,反而招来嫌恶。即使是小偷,为了抢夺别人的财物,也都要付出人身自由的代价)。在某种状况下,最高目标也可以不费劲地达成,对于这种幼稚的白日梦,应该回应道:过分的轻松会扼杀乐趣,那时,所有抵抗的刺激都烟消云散,一切都能立刻上手。若想要十足满意,就必须随着时间缓缓前进,让计划慢慢成熟,尽量别慌忙催赶,以免毁坏最完美的冲劲。不要把未能达成的事称为痛苦,称它为意外的收获,幸运的惊喜,锻炼我们更臻完美的好机会。且让我们引用柏拉图论丑陋的说法来说吧!柏拉图说,丑陋在因它所引起的反感中使人激愤有劲,而美好却令我们昏沉困倦。所有被克服的阻碍都增添目标的价值。辛苦后的疲累可能有点扫兴,但同时也释放出无比的喜悦。疼痛让我灰心泄气,却使你鼓舞振奋。

因为疼痛是一种对身体发出的善意警讯,一种生命机能,让我们迎面对抗自己的极限,而且是"疯狂和死亡之前的最后一道防线"[①]。我们知道,最严重的疾病常常无声潜入,在"器官的沉默之中"。同样,重大问题,关键性的大逆转,也常常从某个暗处冒出,在那里,绝望有可能转变成致胜王牌,缺陷有可能变成优势。继承人的整出悲剧就是发现:甚至在他还没学会说话之前,人生就已经被嚼烂消化;在还没能品尝味道之前,就已经对一切感到烦腻。既然价值并非决定于

---

① 纳西欧(J. D. Nasio),《痛苦与爱之书》(*Le Livre de la douleur et de l'amour*),Payot 出版,1996。

一瞬间,则我也不必马上成为理所当然的样子,那么,通往真相的道路必定混乱无序,使人紧张,需要缓慢前行。只有排斥我们者才能成就我们,我们的计划从世界中分割出一个活动空间,也就是潜藏失败或成功的空间。正因如此,所有的教育无论多么自由开放,都是对无忧无虑的撕扯,是施加在孩子身上的暴力,目的是为了把他关进言论和知识的框格里。总之,没有奋斗,没有负担,没有任何困苦的生命,一条直坦的大道而非"崎岖的陡坡"(色诺芬)①,这样的人生将令人无精打采。

然而,若说人类只有透过考验才能发挥人性,我们必须对考验和赎罪做出区分。据说必须尝尽苦头才能真正认识人类(卡内蒂[Elias Canetti]可能对乔治·史坦纳说:"如果你没机会遭遇全面的精神崩溃,就永远写不出伟大的作品。")。跟这个说法恰恰相反,灾祸不会教导人类什么,只会造成他们的不幸,使他们变得乖戾。"要相信借由粉碎自我才能达成生命之进展,必须做到对人类没有多少爱心才行。"②换句话说,只有能赋予意义、开阔局势的挫折才是有益的;从某种似乎将我们吞没的经历中走出之后,我们将变得更坚强(但与媒体老调的尼采式格言相反的是,没把我置于死地的,也未必会让我更强大;我可以在心肌梗塞或癌症的威胁下活下来,却永远无法寻回昔日的健康,也不能从中获取任何教训)。在一般人或名人的一生中,他们攀升晋级、跌落谷底、浴火重生,这之中最让人动心与感兴趣的部分,就在于呈现

---

① 由德蒙(Paul Demon)引述自《安静的理想》(*L'Idéal de tranquillité*),Les Belles-Lettres 出版,1990,第 287 页。
② 维杰力,《痛苦》,Gallimard 出版,1997,第 71 页。

出有些人在绝境中还可以显现出过人的勇气,想出解决的办法①。现代英雄是时势英雄,常被不自主地推到一般标准之外;他是个偶然的好战者,而不是专业勇士。同样的道理,运动让我们着迷的地方在于,我们与命运也有一场比赛:它强调胜利与失败一样都是短暂的,而冠军宝座鹿死谁手始终成谜。运动刻划出既得地位的脆弱易逝;它是失败者的希望,也是胜利者的警讯。

西塞罗早已举出那些士兵的例子。他们骁勇善战,耐得住战争所带来的千百种苦头,但却因患了小病而崩溃②。我们喜欢受到阻碍,但只限于那些我们为了达到更高目标而自己设下的障碍,那时我们已做好准备,为达最终目的,随时可以暴露在最艰难的危险中(因此,与许多东方宗教再三训诫背道而驰的,是我们应该重新提升自我、自爱、虚荣心、自恋等等;这些东西再好不过了,一旦运作起来,就能增强我们的力量)。请看,常有些顶级运动选手为了在比赛中获胜而长期承受常人所不能忍受的艰苦;而现代西方世界却已完全认同丧失知觉、不知痛痒的文化。由每个人自己订出艰苦的门槛,若超过门槛就不再前进(此外,倘若人生中从来不曾遭遇死亡的威胁,从未曾体会过贴近死亡嘲弄死亡的飘然陶醉,那么,这段人生有什么价值呢?)。现代的计划便是结合意志力和自主能力,凭着这两股力量,非人性的会变成人性的,因为我要它这样,而且我预备去承受的痛苦有多大,标准由我

---

① 提及那些战胜重大难关并过着大人生活的小孩,西路尼克(Boris Cyrulnik)强行借用了"回弹"这个字眼。这个观念指称那些在我们面对命运考验时,让我们反弹的力量,但并不因此就包括自动取得幸福的能力。请参阅《绝佳的不幸》(*Un merveilleux malheur*),Odile Jacob 出版,1999。
② 西塞罗,《面对痛苦》(*Devant la souffrance*),Arlea 出版,第56页。

决定。所谓"好的痛苦"是被我认定对我个人发展不可或缺的，可以被我转换成的力量和知识。

我们晓得，有位女性登山健将以双脚走遍南极大陆，一方面是为了证明她做得到，另一方面在帮助生病的儿童。另外有一位法国人，长泳横渡大西洋，是为了纪念他死于癌症的父亲，并将此次冒险所劝募到的基金中的一部分捐出来，作为对抗疾病的研究经费。就仿佛人们可以用意志力对抗宿命，仿佛人们甘冒的艰辛应可慰藉所承受的痛苦！这是对有限性的挑战，让身体去承受一项可怕的任务，坚持不肯降低心理和体能的极限。这些斗士相信对称定律，他们认为一位自告奋勇的殉难教徒可神奇地救赎所有其他的牺牲者。这种坚毅的精神不断创下新纪录，而这其实是一项驱魔除厄的计谋，它重建恶劣且极端痛苦的背景，好除去简单的厄运；坚毅的精神迫使难度和危险度大量提升，借此驱除平日打击我们的普通困难。

可惜，我们不能选择自己一生中必须出现哪些难关；忧伤不能随意指定，而是像晴天霹雳般突然涌至，特别是在意外这种瞬间发生的新式灾难中。当不知名的敌人胜过自由指派的对手，当我们担心的期限提早到来，或一下子引来千百种灾难而不敢再去冒险撩拨不幸，生命也就变得淡薄稀微。如果人们能为所有伤害说出个理由意义的话，苦恼、折磨、遗恨、悲伤也就通通不存在了。但是我们做不到，正因如此，伤痛依然无名，恐怖没让我们变聪明，也没给我们任何教训。而斯多噶派所力行的预想沉思（praemeditatio），预测未来的不幸以便轻松摧毁之，这是多么严重的错觉！相信人类可以缓和死亡、减轻病痛，只要日以继夜地提防准备就可以免去这些，这根本是一种毒害自己生命的方式，在想象命运结局的同时,就已经将所有人生乐趣破坏殆尽①。因为我们总是粗心大意,不幸才会逼近我们,死亡才会摘下我们,疾病才能将我们辗得粉碎,尽管我们自以为已事先做好削弱它们的准备。没有比无法预测更清楚明白的事了!活着是为了为死亡和毁灭做准备,不是这样!活着是为了将人世赐予我们的所有可能性尽情发挥,不畏其中的高低起伏和最后无法抗拒的结论。活着是要把自己当成不死之身。在同样的论调中,有一位智者在一本本的书中反复宣称,傻傻地衰老等死是一种自杀行为;所以想按照心意去行事还不见得是件容易的事。

伟大的死刑犯

在一个陶醉于正面思想的时代,最惊世骇俗、最发人深省的事,莫过于听到得了重病的患者告诉我们:他们把自己的病当成朋友,而且驯服了它们。换个方式说,也就是有些人状况特殊,在病痛的恐怖中,反而找到探索生命未知的机会,而这之中,有些人甚至觉得那是个享受的机会。我想举出四位当代的作家,他们真是我们社会中的异端分子,要不是他们之中有三个已经死了,剩下的一个只能靠插管苟延残喘,就真该把他们吊起来,公开他们的所作所为。第一位是

---

① "他们不会向命运的打击低头,因为他们已经事先料想好打击的程度,因为在不期而来的事物之中,就算是最艰难的,也会因预测而减轻难度;那时精神上不再遭遇任何意外,接收力也变得迟钝,仿佛面对的是些古老过时的事。"公元 40 年,亚历山大的费隆(Philon d'Alexandrie)语。阿多(Pierre Hadot)引述自《何谓上古时期的哲学?》(*Ou'est-ce que la philosophie antique?*),Gallimard 出版,第 212—213 页。

左恩（Fritz Zorn），苏黎世的一位年轻中产阶级，他的肿瘤被他自己描述成"吞入肚里的眼泪"：

> 我年轻、富有、有教养；但我不幸，神经紧绷，而且孤独。在又称为黄金湖岸的苏黎世湖右岸，我的家族是数一数二的良好世家。我受的是中产阶级的教育，而且一生循规蹈矩。我们家族算是非常堕落，这大约就是为什么我的继承这么沉重，为什么我会因自己的出身而形容憔悴。不用说，我也得了癌症，这是当然的，根据我前面说过的来判断就知道。话说到此，对得到癌症这个问题可以有两种看法：一方面，那是一种身体疾病，我很可能不久后就因它而死，但或许我也能战胜它，存活下来；另一方面，那是一种心灵疾病，而关于它我只能说：它终于发作，我很幸运。就这方面，我想说的是，在我这段不怎么快乐的人生中，我从家庭中所得到的，也是我这辈子所做过最聪明的事，那就是得到癌症。……自从我生病后，我觉得比还没生病前感觉还要舒畅①。

另外还有作家吉伯（Hervé Guibert），艾滋病患者，为自己的死亡作传，对即将发生在身上的事既慌张又狂热，他宣称"宣判我死刑的那个人，我要亲吻他的手感谢他"，随后惊叹"艾滋在我的人生中，开启了不可思议的智慧远景"，最后下结论说"艾滋病的丑陋恐怖中，含有某种甜美耀眼的东西"，因为它"是一道通往死亡的必经阶梯，但每一段都是一次难能仅有的课程；这种病给你时间慢慢死去，又给死亡时

---

① 左恩，《战神》（Mars），Gallimard 出版，1979，第 33—34 页。

间慢慢活着,给死亡发掘时间的时间,以及发掘生命的时间;这种病可算是非洲那些绿猴子传给我们的现代天才大发明"①。再看看鲍比(Jean-Dominique Bauby)的超凡个案,这位记者于一次意外的脑中风之后,得了闭锁性症候群(也就是被禁闭在自己的身体内),身体无法动弹,不能说话,甚至没有外接插管就不能呼吸,只能靠左眼皮的眨动来与世界沟通。他变成了一个"稻草人",渐渐走进全身麻痹的世界,"看起来就像在戴奥辛桶里住了一段时日"的他忍不住大笑:

> 那时有一种奇异的喜悦流遍我全身。我不仅被放逐,全身麻痹,成了哑巴,半聋,所有乐趣都被剥夺,只剩下水母般的生命,更惨的是,我看起来丑陋无比。在中了命运的致命一击,并决定把这当成笑话来看之后,我不由得神经质地狂笑起来,结果引发一连串灾难的堆积②。

最后,让我们以英国小说家威斯特(Paul West)这篇叙述他身体各种惨状的惊人报告作为结束。威斯特患有各式各样的疾病:偶发性脑中风,激烈的偏头痛,糖尿病,心律不整,皮肤斑疹,麻痹;他形容自己的病像一场"奇迹的意外",让他能认识自己,见识到"生理的奇妙",这是他之前不可能有机会了解的。

---

① 吉伯,《致那位没救我的朋友》(*A l'ami qui ne m'a pas sauvé la vie*),Gallimard 出版,1988,第 46、181、182 页。
② 鲍比,《潜水钟与蝴蝶》。贝内克斯(Jean-Jacques Beineix)制作了一则介绍鲍比的精采新闻纪录片《沉默的字母》(*L'Alphabet du silence*),1997 年 3 月 14 日在"文化高汤"的节目播出。

人之所以被生下来,是为了在等待最坏的情况来临时能够有所转变,不管是变好还是变坏。我的身体终于不敌最后的几次故障而停摆,在观察它屈服经过的同时,我也完成了许多工作。我并非完全抱着挑战的心态,而是有时觉得这副身躯混乱的崩溃开启了我的智慧,也就是说,它带着我超越平凡的生活。我必须感谢发生在我身上的事,谢谢它们所引发的刺激。……我最幸运的事是在痛苦中还能谈论或描写自己的病痛,不像其他病患,病魔不但卷走了他们的体力,也除去了他们的智能。虽然这种大忙是偶然帮上的,我还是要说:感激不尽[①]!

热情地喜爱着自己的病状,他对自己的心脏颤动做了诗意般的描述,对每一种药物的效用感到惊讶,将外科手术拿来与艺术品相比,把都卜勒效应和超音波比喻成康定斯基(Kandinsky)或杜菲(Dufy)的作品,掠过死亡边缘,逃出复仇女神的手掌心,这被他当成荣耀津津乐道;盛赞医学专有名词是颗神秘宝石,多亏了它,那些已死去的语言,如拉丁文和希腊文,才又变得生意盎然。透过疾病,"艺术形态的极致",威斯特跟左恩、鲍比、吉伯一样,走进了另一个世界。他带起心律调整器,"钛合金乳头",变成了个电子人,一个用人造器官做成的机器人,像个"集邮迷"一样仔细检视自己的症状,从让他难过的事物中得到"一种反常的骄傲",并觉得"挺高兴的,至少自己的生命还有可谈之处"。

---

① 威斯特,《奇迹般的意外》(*Un accident miraculeux*),Gallimard 出版,1998,第 11 页。

煽动挑衅、自吹自擂,那些绝望的人为了隐藏恐惧而故作姿态?或许吧!但为什么我们就不能当真,不去聆听他们对我们所说的话呢?这些作家的见证之所以可贵,就在于他们撇开了西方社会对苦痛的三种标准看法:屈辱、英雄主义,或加以反抗。他们拒绝成为受害者,也不愿在过分迷信中阴沉失色,所以用幽默来回避不幸的惯例。这些支离破碎的人们唯一的财富是他们试图回答的一个最基本问题:当躯体在黑夜中逐渐黯淡、已没有什么事可做时,该做什么?至少还可以写书,在书写中构筑一个临时栖所。既然他们已经被打败了,既然已经"永远掉落在无底洞中"(左恩),那就再也没有必要去证明什么了。所以他们坦承,在可憎的事物中却感到自在。他们与自己的病症形成一对爱恨分明的冤家,靠着取另一半的性命维生。就这样,他们做了一种尖锐的示范,而我们不知道这是在讨我们欢心,还是要削弱我们的锐气。这种难以想象的奇遇迫使他们提笔写作("不幸必须落到我们头上。天呀!必须如此,我的书才能问世。"吉伯说),借着这段境遇,他们用自己的方式变成了人类新可能性的探索者。"到目前为止,没有人能断论身体的能力。"斯宾诺莎曾说。然而这四位,除了左恩外,都是靠医学大力支助的科技产物,度过生命和化学双重考验的幸存者。若说他们达到一种矛盾的微妙境界,不排除恐惧,也不排除自我嘲讽,那是因为他们将自己的无能化为活力,为以往只存在恐怖和晦暗的新领域铺筑道路。

他们尝到极为可怕的惶恐滋味,试图把自己身体上的衰败定位在恶梦中,愿意正视吞噬他们的妖魔,并向它挑战。这些绝症患者是挑战者,是界线的边缘人,露宿在几乎吸不到空气的极境。处于无边的孤寂中,他们成了渐行渐远的突变体,焚毁船只,离开平凡之岸。他们令人感动的地方就是毫不做作,不说疾病是才华分配者这类带着托玛斯·曼和陀斯妥耶夫斯基所爱用的后浪漫色彩的废话,也不带尼采主义的眼光,把人看成被痛苦——这"神的槌子"——琢磨锻炼成的超人。没有任何夸大美化或悲壮色彩,没什么好说的,事实就是这样。这些平凡人带着嘲讽的语气对我们诉说他们的绝望:左恩疯言疯语地挑衅:"癌症总比和谐好"①;吉伯以幼稚的戏剧手法,写下一位杰出年轻人演变成一副骷髅,以及"奥斯维辛集中营一个婴孩"的骇人悲剧;威斯特的哀愁自恋;以及最特别的鲍比那沉默的微笑,这些才是精髓。他们带着冲劲,征服恐怖,寻求片刻宁静,代表了所有跟他们一样对抗卑贱的垂死者。因为已经达到"可能的极限",他们为我们省去了轻易出口的花言巧语:从集中营可以得知,在某一个点上,不幸已不再可能,在不幸之中的哀伤流泪都成了空想奢侈,因为人们已经在无底洞中跌得那么深。这四位作家的语言中所带的伤痛,堪比拟肉体所受到的创伤,然而,语言却展翅飞翔,像花朵般盛开,仿佛那是他们死后唯一会留下来的东西。他们是被判缓刑的行尸走肉,在高度紧密的气氛下成长,对他们的苦痛所采取的看法,是把它当成一种处于

---

① 自从发生了左恩的例子,研发治疗癌症的新途径反而成了荒谬的意图。那仿佛表示癌症是对社会的一种判断,对无法容忍的生活环境的抗议。即使左恩对他的苦痛做了许多浮夸的诠释,他的书完全没教我们有关癌症的知识,反而在憎恨他所属的阶级这点上大作文章。有人想用这本书燃起笔战批评瑞士。为什么不呢?不过,有些瑞士作家对自己的国家猛献殷勤、极力讨好,这就让人感到厌恶了。这些天之骄子想说服我们相信瑞士联邦遭恶魔附身的一面:在瑞士,人们可能觉得生活非常无聊,但单调又不是地狱,也不是工作集中营。即使一个被宠坏了的小孩在玩具上吐口水,他也不就是个被宠坏了的孩子嘛!

蹂躏迫害之下的新生活方式。他们的述文不在赞颂人类的征服欲或抵抗力，而是赞美人类即使在衰落的最深处，还是保有诗意和淘气；并能在短时间里将受到的折磨转变成胜利，成为内心的历险。他们或许带有神秘色彩，但与上帝无关，也没有显灵；在大自然想把他们从世界除名的那一刻，还能最后再一次跟自然过不去；他们只是去感受这种幸福，并没有来安慰我们，也没有留给我们什么。我们之所以去阅读他们，或许是为了驱走打击他们的厄运，但更是为了肯定死亡可以不需带有后世轮回的希望。这些爱嘲讽的斯多噶禁欲徒被剥夺了自己，在遭吞没之前，对我们打了最后一次招呼。他们并没有治愈我们对黑夜的深深恐惧，而是在最漆黑的幽暗中洒出一道细细的光束。他们对新的痛苦加以着墨，而这是最麻烦的地方。这些内心的太空人从一个遥远的星球对我们说话，那个星球已属于我们，而他们是第一批量测土地的先锋部队。

短暂的停战状态

在总结之前，请小心不要会错了意；面对苦痛，我们没有，或几乎可说已不再有像先哲所传播的或现在佛教徒提倡的智慧哲理。原因很简单，因为哲思需要在个人和世界间取得平衡，而这项平衡在很久以前就已遭破坏，至少工业革命初期起便已如此。我们向疾病和老死低头；不过，一旦人类的机智能撼动固有标准，这一时的服从即将露出反抗的真面目（而科学真不愧是我们近来最新的探险，最壮阔的篇章，载着理想，也带着恶梦；唯有它才能结合诗意、行动和乌托邦）。

多么可悲呀！比方说，想到自己染上一种病，就快死了，而那种病菌在几年后就有方法治疗；自己不该走得这么早的（而我们晓得，有些相反的情况是，有些艾滋病患因接受了三合一鸡尾酒疗法，所以告别死亡，重返人生大道）。痛苦是一项事实，但我们没必要把它变成一种信念；人们最后只能宿命地接受暂时性的停战。我们看过太多不幸消失，以至于无法听凭自己承受现有的苦。如果"人类的力量必在死亡的门前停下"（亚里士多德），那么，他至少有权利尽量将自己的力量维持得长久些（而我们知道，这方面的研究已向前迈了一大步）。世人们在厄运之前总是非常不耐烦，因为已经实现的进步成果让还没做到的部分看来过于庞大，大到可恨的地步。由于困境的"兽性"（巴维兹［Pavese］），除了混乱和冲突之外，想跟它建立合理的关系是不可能的。这个主题唯一客观公正的部分，就是关于疲累的论点。

若说人们只能接受陪伴垂死者，这种在西方社会日渐发展的新风气，并不让他们背负孤独和疼痛这沉重无比的担子，像"一艘航向阴森黑夜的坚固船只"（翁泽［Marie de Henneze］）载负他们；但如果有一种新的死亡艺术的话，我们却没办法察觉它的源头。我们必须当心死亡的抒情感性，因为它，别人的死看起来像一本田园牧诗般优美的小说。在某些推广治标疗法的专家身上，我们可以嗅到一股酒醉气息，这股陶醉推着他们把一切都说得飘飘然，而且为悲剧事件染上玫瑰色调。这些改信诙谐临终的新信徒，在亲切的面孔背后，偶尔会露出一种让人害怕的狂热，尤其当他们以临终是真理时刻、任何人都不该错过为由，使希望提早最后一刻到来的人们打消念头（就这点而言，我们并不一定能拥有垂死者的身份；正如阿利埃斯在三十年前就提出的诉求，尤其是安乐死这个主题。在法国，安乐死始终被禁止，然而却经常以"官方"或私下的方式施行①)。

我们同意,回避死亡的方式的确令人议论纷纷——比如说,在网络上已经出现虚拟坟墓,人们可以透过电脑荧幕祭拜亲人——然而,是否应该就此把死亡变为奇迹般的机会,把别人的死看成喜悦的时刻?即使冒着难以自拔的危险,把权力意志施行在已经衰竭力尽的人们身上,更遑论我们还对他们抱持着好感?

不过,或许施用这类丧葬腹语术的目的,是要借由垂死的人来平静自己的心,透过跟他们的接触来确认死不是那么严重的事,借着贪婪地冥想他人的死来增强自己的免疫力?这些爱好最后一口气的无情专家,在病人死去的那一刻,偶尔会体验到难以解释的喜悦②,仿佛那些死去的人,栖息在命运汇集之巅,化身为引航人,成为真理的导师,开启了一线亮光;一言以蔽之,他们仿佛将把通往另一世界的"管道"传给我们③。伴随他人的痛苦这个想法并不踏实,因为我们"永远赶不上下一个约会"(夏丽叶[Catherine Challier])。除此之

---

① 波耶(Jacques Pohier)在《死得其时》(*La Mort opportune*)一书中做了很好的说明。在身体极度衰弱的情况下,人们并非在生或死之间抉择,而是在两种死亡状态之间选一种。肉体其实已经崩溃,却被猛烈折腾人的治疗维系在人为的存活状态。关于相同主题,另请参阅侯克娃(Antia Hocquard)极为完整的报告:《自愿安乐死》(*L'Euthanasie Volontaire*),PUF 出版,1999。
② "在与丹尼尔(一位生命即将结束的人)诀别时,我突然想光脚在草地上狂奔。细酌时光享受醉意。我发动了车,开到德梭公园。……在城堡前的大草坪上,我开怀尽兴地奔跑,旋转,感受温热潮湿的大地。我感谢生命,感谢丹尼尔,为了这充实的一刻,我清楚地感受到喜悦。"
③ 库柏勒-萝丝(Elisabeth Kubler-Ross),美国人,治标疗法的先驱,她盛赞重大疾病,尤其是艾滋病,说它们是人性的集体推进器,面恶心善。她这种说法教人感到不自在。这位医生在回忆录中叙述,她跟耶稣直接交谈,每天跟幽灵对话,并认为死亡是和平最后一个避风港。这时,她已经脱离思想范畴,进入了深不可测的鬼怪幻境。

外，根据原则，对死亡尽可做出无限多论述，因为没有人知道我们死去之后会遭遇什么事。齐克果说，宗教就像旅行社一样，保证我们的上天之旅必能成行，却从来没有人回来告诉过我们，他对交通和假期是否满意。在我们之中，有些人唯一继续存活的方式，就是留给亲人的回忆，这是凡人唯一能达成的、稍纵即逝的不朽，其余的都是空谈。所有信徒都应受到尊敬；但把死亡当成通往更美好世界的大门，把最惨的不幸说成至福（这是另一种否认），这种"预期论点"的逻辑是错误的。面对死亡，杨科雷维屈说，无所谓胜利或溃败，因为它不是一个我们能击倒或降服的对手。然而，我们那些死神的朋友，那些垂涎临终死者的饿鬼，误以为自己已经胜券在握，必能万无一失地将临终时刻变成快乐结局。这些人的信仰生涯中有一种对生命的恨，对不幸要不得的贪馋，这让人忆起基督教义中最黑暗的那几页。无论什么状况，对死亡、痛苦、绝症一概给予肯定，认为它们充实人生，多么诡异的想法！某些人基于绝对个人的理由去宣扬这种想法，就像之前提到的四位作家，即使对这些人而言，这种思想角度可以成立，但一旦普及扩大的话，就成了专横的论调。我们不希望出现死亡的革命，但求垂死之人能被当成堂堂正正的活人一般看待，光是这一点就够要命的了。

如果治好我们想治愈一切的意愿，把人类从自己的脆弱不完美中解放出来是必须的；那么，以人类并非无限顺从的素材为由，要求人去屈服于痛苦这头人身牛怪，对自己的极限认命，则是荒谬的。"并非一切都可能"不表示"什么都不可以"。与其说无法克服的宿命和随时可变的正义两者之间的界线早已划定，不如说这条线已被移位。我们无法什么都做到，但可以插手我们掌管的领域；可以和"自然"结盟，但当自然想淘汰我们时，我们便奋力对抗它。这就是我们的社会所持的实用态度。由于没有解开人类困境的钥匙，只好自己进行治疗，请大家不时团结起来，借此结合卑微小民和决策阶层。我们随时可自由松解系在身上的联系，不需要完全打断它们；我们设下城墙，是为了超越它。每一个时代都得重新出发，接续前一个时代停止的战斗，同时也很清楚每一次的进步都会再衍生出新的退步，解除了一次灾难，新的祸害马上接踵而来。有多少营火因这场战争而熄，这场战争就会再点燃多少营火。自从醒悟了根本无法解决的人类厄运以来，人们就未曾如此拼命对抗生命的苦难。于是不幸又回来了，不过它回到了另一个境界：不是宿命，不是残留，而是两者密不可分的合成体，交缠着我们的命运；我们试图驱除它，即使预期这是一场永无止境的抗争。今日，在笨拙与摸索之下所发明的是一种生活的艺术，其中包含了智力与逆境，并未落入放弃的深渊；那也是一种忍耐艺术，让我们一面与痛苦共存，一面还能与它对抗。

佛教在西方世界盛行？

一切皆苦，生是苦，老是苦，病是苦，与我们不爱的人结合是苦，与我们深爱的人分离亦是苦。若想脱离这种劫难，必须学着超脱自我，消灭自身的贪念，走出六道轮回，或至少要找到方法使来世比今生完美。从这段简要大意的字里行间中，应该可辨认出佛教的基本教义之一。让人惊讶的是：这种把自我看成虚幻的教义，竟然在我们讲究享乐和个人主义的西方世界中引发了这么大的回响。

佛教的特殊之处在于，相较于我们的一神式宗教，佛教不独断,不命令;它指引走出迷途的道路,鼓励每个人觅得通往救赎的途径。佛教尤其再建起理论与实践之间的连结,这在西方文明中消失已久,与西方哲学家纯粹专注于思辩的精神不同。佛学大师与上古先哲一样,首先是位生活导师。他只传授自己体验过的经历,并以经验作为讲道的活水源头。而更甚的是,佛教劝导大众扑灭饥渴的烈火,放下一切欲望,这则教义唤醒基督精神的一项中心理念,与之所见略同:我们在尘世这一段生命短暂即逝,虚妄空无。而再次与基督精神略同的是,佛教认为,受苦是一种洗净业障的方法,也就是说,偿还前世所犯下的罪过。跟基督教一样,佛教以超脱人世享有盛名。总之,教会失败之处,佛教都成功了。佛教是一种抗衡消长的学说,用来制止对财富的贪恋和在我执中的迷失。因此,佛教的魅力来自于它的平易近人,而非遥不可及,此外还有它极为丰富的文化传统。佛教让我们能带着亚洲的面具去谛听我们已无法见容于自己信仰中的真理。佛教不反驳犹太教或基督教,反而肯定它们的某些理念。佛教不是另辟的道路,而是回归之道。

　　然而,再也没有比这更不确切的了。除了对极小部分有慧根的和有修养的人士之外,在西方文明中赢得胜利的并非真正的佛教,而是一种任意拼凑再缀上异国情调的宗教。那甚至不是一种心灵学,而是一种治疗,一面对抗焦虑的挡箭牌,宣布一种放诸四海皆准的信条,能广为最大多数人所接受。一门讲究放下一切的教义怎么会对一个需要上流社交的红尘社会产生吸引力的呢?借着绝对的放下,一切稀释成清淡口味服用,对我们敏感的胃、受高压的自我,比较好消化。于是我们可以把它当成一盒巧克力般探钻,只拿取最好的,其他的都丢掉。重要的是,巧克力的包装仍然是西藏密宗、禅，或坦陀罗。

在这段对东方的迷恋过程中，或许另有一项重要成分：一种前所未见的混合式宗教的发明，相互对立的性质神奇的和解：平静与不安，依赖与冷漠，个人发展与自我之虚幻，全都透过一点基本的信仰并存在一起。这种新佛教将成为什么呢？这个失去灵性的世界所需的精神补给？信仰宗教末世的宗教？也许吧！这东方与西方的疯狂拥抱，轻率教义学说的同时期产物，从这当中，将出现某种四不像的东西，那绝对不是正宗的佛教，因为传统佛教太严谨、太讲戒律，这种新混合将被扭曲、糟蹋，成为本身胜利的受害者。结果将是一项极为重大的谬误，也是历史上的创新永久形态。

结语：薇都兰夫人的羊角面包

请相信寻找真理的人，要怀疑那些找到它的人。

——纪德

1915年，当薇都兰夫人得知露西塔尼亚号这艘英国客轮被一艘德国潜艇击沉时，她正在品尝自战争以来的第一个羊角面包。这项突如其来的消息丝毫没减低重温熟悉滋味的乐趣。

薇都兰夫人因为没有羊角面包让她沾浸到欧蕾咖啡中，而备受偏头痛之苦；她最后终于透过寇达得到一项命令状，要求一家我们曾向她提过的餐厅为她烘烤了一些。在当时，这几乎跟从政府手中取得将军任命权一样困难。在各家报纸报导露西塔尼亚号船难的那天早晨，她正吃着久违了的第一个羊角面包。她一边把面包浸到欧蕾咖啡中，一边轻弹着报纸，好让纸张维持翻开的状态，而不须挪用到浸面包的那只手。她说："多惨呀！这比任何惨绝人寰的悲剧还要可怕！"然而，那些溺水者死亡的意义对她来说大概缩减得只剩十亿分之一,因为当她嘴里塞满面包,做出这些遗憾的表示时,浮在她脸上的神情,很可能是被对她偏头疼有珍贵疗效的羊角面包的滋味所带引出来的,看起来比较像甜美的满足①。

薇都兰夫人虚伪吗?不!她只是露出人类本性,非常非常合乎人性,而在此千万不要受普鲁斯特式的讽刺影响。因为只有在别人处于困境中我们才会快乐,那时啃噬着我们的事物短暂疏漏,而将我们淹没的沉重烦恼稍稍移去。在上百万人受苦受难、濒临死亡的那一瞬,我们开怀大笑,谈情说爱;同样,在我们消逝那一刻,在我们痛苦之时,也将有千百万不认识我们也不爱我们的人正尽情玩乐,享受人生。在这方面上,我们大家都是薇都兰夫人,因为在不同的人群之间,甚至单单在同一群人之间,时机的配合并不一致:当我们正为忧伤或失去亲人所苦时,朋友的快乐可能成为对我们的侮辱而刺伤我们。而就算播放全世界的即时新闻,也丝毫改变不了这个事实:晚间新闻播报某地的大饥荒实况,从来也不影响任何人进餐的好胃口。

我们必须小心正面性感染这项常见的谬误,我们的幸福将因此依赖于他人的幸福,而扩大来说,等于是依赖整个社会的幸福。在这里应该要更改尺度:我们并非单独生活,而是活在一定范围的群体中,与我们的家庭、亲友、村庄市镇和地区一起,而由它们来决定我们的心情和喜乐。根据休谟所

---

① 《普鲁斯特作品全集》,第三册,Gallimard 出版,第 772—773 页。

说,定义我们的并非普遍一致,而是偏袒不公①,是一种自私和同情的结合,一个对生命十分独特的看法,因为不自知而更显得专制蛮横。我们对事态忧郁的或喜悦的感受常常被这狭小的环境所牵制,而这环境对我们造成的影响与我们对它造成的影响一样多。因此,存在一种由他人所引发的幸福,但这些人的圈子仅限于几位亲密的人,而绝不至于扩张到全地球那么大的范围。最理想的,当然就是愉快地调和个人与群体,并且实现自我,在一个所有压迫和悲惨都将被驱除的世界中。的确,在每一个欢乐时刻中,都有一种想让人类更完美的欲望,想和大家分享这种欣喜的念头。然而,如果说要全世界的不公平都消失才能达到"涅槃"的话,我们可能连一丝微笑都挤不出来。恐怖和可憎卑鄙环绕在我们四周,但我们活着,我们兴盛繁茂,而且我们这么做之所以正确,是因为若想取得均衡,这种大而化之的态度是不可或缺的。不管站在什么立场来看,幸福都只存在于无忧无虑、不知不觉和单纯无知这些抛开了不安警戒的难得时刻中。我们只有在让人气恼时才会高兴;不顾朋友正在痛苦,战争正在戮杀,宇宙生了病,而这种行为完全不可耻,因为苦难和屠杀永远都会存在,实现完美社会却遥遥无期。

然而,还是有一种引发的后果:正因为幸福是一种救赎解脱的表现,因为它似乎能避开岁月的魔法,冻结异变,所以它不会是人类社会的终极目的,也不可能是行动的基础。幸福应该跟痛苦一样,以自由为依归。这些巧遇自我的时刻,和大自然合而为一的时光;这些扭转了我们生命的启蒙书

---

① 雷诺(Philipe Raynaud)引述自《礼貌与真诚》(*Politesse et Sincérité*),Editions Esprit 出版,1984,第 85 页。

页。在它们之上，我们无法建立任何道德、政策或计划。倘若必须教导人类去抵抗自己的软弱屈服，那是因为每种目的之间不一定能相容，应该要区分出它们的轻重缓急，排除我们极为在意的几项。在有些情况下，自由可能显得比幸福更重要，牺牲比祥和更可贵。孔多塞提出：在美德、正义、理性和享乐之间，系结着"解不断的锁链"，这种观念是站不住脚的。即使我们可以认定所有美善都在一生时光中相连（泰勒［Charles Taylor］），一旦我们试图去实现它们时，它们必然会相互起冲突。这就是为什么政治是谨慎的而非巧妙的；这就是为什么历史依然是出悲剧，而且败坏我们全体，无论我们个人所持的抱负为何。让人类所有理想同时发扬光大，这个梦想虽然友善，但终究是虚幻的；我们的宿命是破碎支离，我们注定不能和谐，高价值观间必定要角逐竞争，表明互不妥协。

　　最后，也许该是说出美好人生的"秘密"的时候了。那就是不把幸福看在眼里，永远不要一成不变地去追寻幸福，尽管去迎接它，不须过问是否值得或对人类的成就有没有贡献；不要强留幸福，失去了也不要遗憾；任幸福保持荒诞本色，这样它才能在平凡岁月中突然现身，或在雄伟壮阔的局面中悄然消逝……。总之，无论何时何处，请把幸福当成次要的，因为它只有在关乎其他事物时才会出现。

　　相较于所谓的幸福，我们可以选择快乐，那是事态进行中被窃走的短暂狂喜；我们也可以选择愉快，这伴随生命开展的微醺；尤其还有喜悦，它带来惊喜和跃升。因为什么也比不上突然闯入我们生命中，蹂躏我们或让我们陶醉的人事物。要去渴望的、发掘的、喜爱的，永远太多。而我们还来不及品尝任何佳肴时，便已挥别这场盛宴。

图书在版编目(CIP)数据

幸福书 / (法)布吕克内著;陈太乙译.
——上海:华东师范大学出版社,2014.1
ISBN 978—7—5675—1278—8
I.①幸… II.①布… ②陈… III.①幸福—研究 IV.①B82
中国版本图书馆 CIP 数据核字(2013)第 239590 号

华东师范大学出版社六点分社
企划人　倪为国

L'EUPHORIE PERPETUELLE
by Pascal Bruckner
Copyright © Grasset & Fasquelle, 2000.
Published by arrangement with La Société des Editions GRASSET & FASQUELLE
Simplified Chinese Translation Copyright © 2014 by East China Normal University Press Ltd.
ALL RIGHTS RESERVED.
上海市版权局著作权合同登记 图字:09-2010-782 号

幸福书

著　者	(法)布吕克内
译　者	陈太乙
责任编辑	高建红
审读编辑	卢　钦
封面设计	琴夏工作室
出版发行	华东师范大学出版社
社　址	上海市中山北路3663号　邮编　200062
网　址	www.ecnupress.com.cn
电　话	021—60821666　　行政传真　021—62572105
客服电话	021—62865537
门市(邮购)电话	021—62869887
地　址	上海市中山北路3663号华东师范大学校内先锋路口
网　址	http://hdsdcbs.tmall.com
印刷者	上海景条印刷有限公司
开　本	889×1194　1/32
印　张	6.5
字　数	112千字
版　次	2014年1月第1版
印　次	2014年1月第1次
书　号	ISBN 978—7—5675—1278—8/B・808
定　价	29.80元
出 版 人	朱杰人

(如发现本版图书有印订质量问题,请寄回本社客服中心调换或电话021—62865537联系)